essentials

essentials liefern aktuelles Wissen in konzentrierter Form. Die Essenz dessen, worauf es als „State-of-the-Art" in der gegenwärtigen Fachdiskussion oder in der Praxis ankommt. *essentials* informieren schnell, unkompliziert und verständlich

- als Einführung in ein aktuelles Thema aus Ihrem Fachgebiet
- als Einstieg in ein für Sie noch unbekanntes Themenfeld
- als Einblick, um zum Thema mitreden zu können

Die Bücher in elektronischer und gedruckter Form bringen das Fachwissen von Springerautor*innen kompakt zur Darstellung. Sie sind besonders für die Nutzung als eBook auf Tablet-PCs, eBook-Readern und Smartphones geeignet. *essentials* sind Wissensbausteine aus den Wirtschafts-, Sozial- und Geisteswissenschaften, aus Technik und Naturwissenschaften sowie aus Medizin, Psychologie und Gesundheitsberufen. Von renommierten Autor*innen aller Springer-Verlagsmarken.

Christoph Harrach

Transformation von Unternehmen mit der Gemeinwohl-Ökonomie

Wissen, Werkzeuge und
Motivationen zur nachhaltigen
Organisationsentwicklung

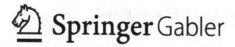 Springer Gabler

Christoph Harrach
Horn-Bad Meinberg, Deutschland

ISSN 2197-6708   ISSN 2197-6716 (electronic)
essentials
ISBN 978-3-662-68545-7   ISBN 978-3-662-68546-4 (eBook)
https://doi.org/10.1007/978-3-662-68546-4

Die Deutsche Nationalbibliothek verzeichnet diese Publikation in der Deutschen Nationalbibliografie; detaillierte bibliografische Daten sind im Internet über http://dnb.d-nb.de abrufbar.

Planung/Lektorat: Christine Sheppard
Springer Gabler ist ein Imprint der eingetragenen Gesellschaft Springer-Verlag GmbH, DE und ist ein Teil von Springer Nature.
Die Anschrift der Gesellschaft ist: Heidelberger Platz 3, 14197 Berlin, Germany

Das Papier dieses Produkts ist recyclebar.

Was Sie in diesem *essential* finden können

- Wissen über Grundbegriffe und Konzepte im betrieblichen Nachhaltigkeitsmanagement mit einem Fokus auf die alternativ-ökonomischen Ansätze der Gemeinwohl-Ökonomie
- Praktische Anwendung der Gemeinwohl-Matrix mit dem Werkzeug „Gemeinwohl-Check" zur Erstellung eines Stärken/Schwächen-Profils
- Motivationen, um das eigene Engagement sowie das von Kolleg:innen zu fördern, damit eine Transformation Ihrer Organisation gelingen kann

Inhaltsverzeichnis

Warum dieses Buch notwendig ist 1

Die Menschheit verbraucht heute pro Jahr 1,75 mal so viel Ressourcen wie die Biokapazität der Erde jährlich zur Verfügung stellt. Dieses Überschreiten der planetaren Grenzen ist nicht nachhaltig im Sinne der ersten Definition von Nachhaltigkeit aus dem Jahre 1713. Demnach sollte schon damals nicht mehr Holz dem Wald entnommen werden, als natürlicherweise nachwachsen kann. Eine solche Wirtschaftsweise ist die Voraussetzung dafür, damit die nachfolgenden Generationen auch noch ihre Bedürfnisse befriedigen können. Als Vater von zwei Kindern mache ich mir vor diesem Hintergrund ernsthafte Sorgen um die Zukunft auf unserem Planeten und möchte mit diesem Buch Handlungswege aus der Krise aufzeigen. Als Nachhaltigkeitsökonom beschäftige ich mich seit vielen Jahren mit den Ursachen der heutigen sozial-ökologischen Probleme und begleite Organisationen dabei, innovative Lösungen zur Bewältigung dieser Herausforderungen zu entwickeln. Die aktuellen und dringenden ökologischen, sozialen und ökonomischen Probleme sind die Auswirkungen einer nicht mehr zeitgemäßen neoliberalen Wirtschaftspolitik sowie Praktiken in Unternehmen, die die ökonomische Leistung von Unternehmen als deren einzig relevanten gesellschaftlichen Beitrag ansehen. Die Ursachen für die heutigen Probleme liegen also in Entscheidungen der Vergangenheit. Als Unternehmer bin ich davon überzeugt, dass wir unser Leben aktiv gestalten können und so dieses menschgemachte Wirtschaftssystem auch wieder verändern können. Und ja, die Zeit drängt: Klimawandel, Artensterben und Mikroplastik in Wasser und Erde gefährden unsere natürlichen Lebensgrundlagen. Zunehmende Ungleichverteilung von Vermögen,

© Der/die Autor(en), exklusiv lizenziert an Springer-Verlag GmbH, DE, ein Teil von Springer Nature 2023
C. Harrach, *Transformation von Unternehmen mit der Gemeinwohl-Ökonomie*, essentials, https://doi.org/10.1007/978-3-662-68546-4_1

menschenunwürdigen Arbeitsbedingungen in Lieferketten, Demokratiefeindlichkeit und Egoismus bedrohen unseren gesellschaftlichen Zusammenhalt. Unternehmen sind maßgeblich dafür mitverantwortlich und verstärken diese durch ihre rein auf Gewinn ausgerichteten Geschäftsmodelle. Die dadurch verursachten Schäden für die zukünftigen Generationen werden im aktuellen Wirtschaftssystem nicht systematisch berücksichtigt und spiegeln sich auch nicht adäquat in den Marktpreisen wider. Obwohl die meisten Unternehmen von diesen nichtnachhaltigen Strukturen profitieren regt sich ein Bewusstseinswandel in der Gesellschaft. Kund:innen kaufen bewusster und nachhaltiger ein, Investor:innen schauen genauer auf die Nachhaltigkeitsperformance von Anlageobjekten, Politiker:innen verabschieden neue Gesetze, Mitarbeiter:innen berücksichtigen bei der Arbeitgeber:innen-Wahl die Nachhaltigkeit und innovative Unternehmer:innen und Startups erzielen Wettbewerbsvorteile, indem sie neue Lösungen für die gesellschaftliche Transformation entwickeln. Diese anstehende und notwendige Wandlung von einer ausbeuterischen zu einer enkeltauglichen Wirtschaftsweise ist eine komplexe und globale Herausforderung. Dabei müssen viele alte und lieb gewonnene Überzeugungen und Gewohnheiten aufgegeben werden, damit Neues entstehen kann. Es geht bei der Transformation von Unternehmen auch um fundamentale Fragestellungen wie den Sinn des Wirtschaftens und damit um strategisch relevante Aspekte im Geschäftsmodell. Aber auch im Kleinen müssen neue Kompetenzen erlernt werden, um im betrieblichen Alltag Prozesse und Routinen nachhaltiger zu gestalten. Gleichzeitig kann diese globale Aufgabe nur partnerschaftlich im Zusammenspiel verschiedener Akteurin:innen aus Politik, Wirtschaft, Zivilgesellschaft, Wissenschaft und Kultur gelingen. Um einen so komplexen Veränderungsprozess zu gestalten, braucht es neues Wissen, anwendbare Werkzeuge und vor allem Motivationen, damit die gesellschaftliche Transformation gelingen kann.

Dieses Buch soll Ihnen als Inspiration dienen, um die nachhaltige Entwicklung Ihrer Organisation nach den Kriterien der alternativ-ökonomischen Bewegung der Gemeinwohl-Ökonomie (GWÖ) zu fördern. Dabei orientiert sich die Grundstruktur der Publikation an den Empfehlungen der Berufsbildung nachhaltige Entwicklung (BBNE). Die Inhalte stellen eine ausgewogene Mischung aus wissenschaftlich validen Erkenntnissen aus der Betriebswirtschafts- und Managementlehre sowie praktischen Erfahrungen aus dem betrieblichen Alltag dar. Die Lektüre richtet sich an Fach- und Führungskräfte aus den Bereichen Unternehmensführung, Organisationsentwicklung, Nachhaltigkeits- und Innovationsmanagement. Es vermittelt den Leser:innen notwendige (Gestaltungs-) Kompetenzen, damit sie sich am Arbeitsplatz für eine bessere Welt engagieren können und gleichzeitig den ökonomischen Erfolg ihres Unternehmens in diesen ungewissen

Zeiten steigern können. Das Buch gliedert sich in einen einführenden, theoretischen Teil mit Basiswissen und einen praktischen Teil mit Werkzeugen. In der Einführung werden Sie in dem Kapitel „Eine kleine Geschichte der Nachhaltigkeit" die Entwicklungen im Bereich nachhaltige Entwicklung verstehen und ebenso die Rolle der Wirtschaft. Dabei liegt ein Schwerpunkt auf personalzentrierten Transformationsansätzen an der Schnittstelle zwischen Nachhaltigkeits-, Innovations- und Personalmanagement. In diesem Kontext wird auch das Modell der GWÖ vorgestellt. Im praktischen Teil lernen Sie die „Gemeinwohl-Matrix" kennen und nutzen diese mit dem Werkzeug „Gemeinwohl-Check". Dabei lernen Sie, wie Sie die Nachhaltigkeitsperformance Ihrer Organisation systematisch nach den Kriterien der GWÖ bewerten können. Im Ergebnis entstehen ein übersichtliches Stärken/Schwächen-Profil sowie erste Verbesserungsideen. Ganz am Ende des Buches finden Sie vertiefende Informationen im Literaturverzeichnis.

Nun wünsche ich Ihnen eine inspirierende Lektüre. Möge das Buch Sie motivieren, einen durch neues Wissen und neue Werkzeuge, Ihren Beitrag zur nachhaltigen Entwicklung zu leisten. Für unsere Kinder und alle nachfolgenden Generationen.

Nachhaltige Organisationsentwicklung 2

2.1 Eine kleine Geschichte der Nachhaltigkeit

Seit Beginn der Industrialisierung, bei der sich der Mensch zunehmend von der Natur entfernte bzw. sich diese immer weiter Untertan machte, gab es immer wieder soziale Bewegungen, die sich als Gegentrend zur wachsenden Industrialisierung und Ökonomisierung für die Umwelt eingesetzt haben. Wesentlich dafür, dass Nachhaltigkeit heute als globales politisches Ziel festgeschrieben ist, war die 68er-Generation mit ihren alternativen Lebensentwürfen und die daraus entstandene Subkulturen. Neben der Friedens- und Frauenbewegung entwickelte sich in dieser Zeit auch die Umweltbewegung, die sich seitdem für den Schutz unserer natürlichen Lebensgrundlage einsetzt. Erste Umweltverbände wie Greenpeace und neue Parteien wie „Die Grünen" wurden in diesem Zeitgeist gegründet. Durch diese Generation wurde das Thema Ökologie und Nachhaltigkeit auf das globale politische Parkett gehoben und die Basis des heutigen Nachhaltigkeitsverständnisses gelegt. An der Schnittstelle zwischen Zivilgesellschaft und Politik entwickelte sich das Thema nach und nach zur gesamtgesellschaftlichen Fragestellung. Ein wichtiger Meilenstein dafür war die sogenannte Brundtland Konferenz im Jahre 1987 der Weltkommission für Umwelt und Entwicklung der Vereinten Nationen. In dem Abschlussbericht wurde der Begriff der nachhaltigen Entwicklung wie folgt definiert: „Eine nachhaltige Entwicklung ist eine solche Entwicklung, die die Bedürfnisse der heutigen Generation befriedigt, ohne die Bedürfnisse zukünftiger Generationen zu gefährden" (Brundtland, 1987). Damit wurde das Schlagwort der Generationengerechtigkeit geprägt und im politischen Diskurs verankert. Die Idee, dass wir nicht mehr Ressourcen der Erde entnehmen sollten, wie die Natur nachproduzieren kann, war auch schon im ersten Verständnis von Nachhaltigkeit beschrieben. Der Forstwirt Karl von Carlowitz

C. Harrach, *Transformation von Unternehmen mit der Gemeinwohl-Ökonomie*, essentials, https://doi.org/10.1007/978-3-662-68546-4_2

schrieb 1713 in seinem Buch „Sylvicultura oeconomica" sinngemäß, dass wir für eine nachhaltige Ökonomie nicht mehr Holz dem Wald entnehmen sollten, als natürlicherweise nachwachsen kann. Aktuell verbraucht die Menschheit die etwa 1,75-fache Biokapazität der Erde pro Jahr (Global Footprint Network, 2022). Damit wird deutlich, dass unsere heutigen Produktions- und Konsummuster nicht zukunftsfähig sind. Wir berauben damit die nächsten Generationen um ihre Freiheit, ihre Bedürfnisse zu befriedigen und wirtschaften nicht innerhalb der planetaren Grenzen (Rockström et al., 2009). Die Wirtschaft wurde von Anbeginn der Diskussion um Nachhaltigkeit als zentraler Akteur angesehen, der maßgeblich für viele Umweltschäden verantwortlich ist. In dem von Elkington (1994) veröffentlichten Konzept der „Triple Bottom Line" oder auch „Drei Säulen der Nachhaltigkeit", wurde neben Umwelt und Soziales die Wirtschaft als drittes Handlungsfeld der Nachhaltigkeit definiert. Dieser dreigliedrige Ansatz gilt bis heute als Orientierungsrahmen und es existieren zwei wesentliche Interpretationen für dessen Umsetzung (siehe Abb. 2.1). Beim Gleichrangmodell entsteht eine nachhaltige Entwicklung in der Schnittmenge aus den drei Bereichen Umwelt, Soziales und Wirtschaft. Man versteht darunter auch einen schwachen Nachhaltigkeitsansatz, bei dem es ein Gleichgewicht der drei Dimensionen geben sollte. Beim Vorrangmodell werden die drei Nachhaltigkeitsdimensionen hierarchisch angeordnet. Das Modell geht davon aus, dass ohne Wahrung der planetaren Grenzen durch eine maßvolle Ressourcennutzung keine intakte Gesellschaft entstehen kann. Diese ökologischen Leitplanken werden darum ergänzt, dass Wirtschaft als dritter Aspekt nur stattfinden kann, wenn die sozialen Mindeststandards geachtet werden. Bei diesem starken Nachhaltigkeitsverständnis ordnet sich also die Wirtschaft Mensch und Natur unter.

Die drei Säulen der Nachhaltigkeit wurden 2015 in der Präambel zu der Agenda 2030, den 17 Nachhaltigkeitszielen in der Vereinten Nationen (Sustainable Development Goals / SDGs) um die Punkte Partnerschaft und Frieden ergänzt. Diese 17 Ziele für eine zukunftsfähige Welt sind heute als globales politisches Ziel ratifiziert und sollen bis zum Jahre 2030 umgesetzt werden. Innerhalb der Agenda 2030 bestehen potenzielle Zielkonflikte, da alle Ziele gleichgewichtet dargestellt werden. So soll z. B. gleichzeitig Wirtschaftswachstum (SDG 8) und Klimaschutz (SDG 13) erreicht werden, obwohl ein dauerhaftes Wirtschaftswachstum innerhalb der planetaren Grenzen widersprüchlich ist (Kasper, 2023). Daher werden in dieser Publikation die 17 Ziele mit dem sogenannten „Wedding Cake Model" dargestellt, welches die SDGs und das Vorrangmodell der drei Nachhaltigkeitssäulen vereint (siehe Abb. 2.2). Partnerschaft (SDG 17) ist dabei der Dreh- und Angelpunkt, der zwischen den drei Nachhaltigkeitsdimensionen.

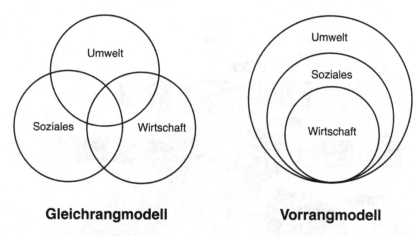

Gleichrangmodell   **Vorrangmodell**

Abb. 2.1 Drei Säulen der Nachhaltigkeit. (Eigene Darstellung)

vermittelt. Zur nachhaltigen Entwicklung braucht es nämlich eine Zusammenarbeit aus Zivilgesellschaft, Politik, Wissenschaft, Kultur und Wirtschaft, damit es eine Welt in Frieden geben kann. Denn „Ohne Frieden kann es keine nachhaltige Entwicklung geben und ohne nachhaltige Entwicklung keinen Frieden" (Vereinte Nationen, 2015).

In drei der Nachhaltigkeitsziele (SDG 8, 9, 10 und 12) werden Unternehmen direkt angesprochen und aktiv aufgefordert, Beiträge zur nachhaltigen Entwicklung zu leisten, indem Sie z. B. menschenwürdige Arbeit ermöglichen, ihre Produktionsmuster ökologisch verträglich umgestalten und innovative Lösungen entwickeln.

2.2 Nachhaltigkeit im Geschäftsmodell

Obwohl sich die betriebswirtschaftliche Forschung und Praxis seit Jahrzehnten mit der nachhaltigen Entwicklung beschäftigt (z. B. Drucker, 1984; Carroll, 1999) haben sich die sozialen, ökologischen und ökonomischen Herausforderungen zunehmend verschärft. Diese Lücke zwischen Wissen und Handeln liegt unter anderem daran, dass die notwendige Veränderung auch die tradierten Paradigmen der Betriebswirtschaftslehre infrage stellt. Bisher galten Gewinnerzielung bzw. -maximierung als die obersten Ziele des unternehmerischen Handelns. Dieses

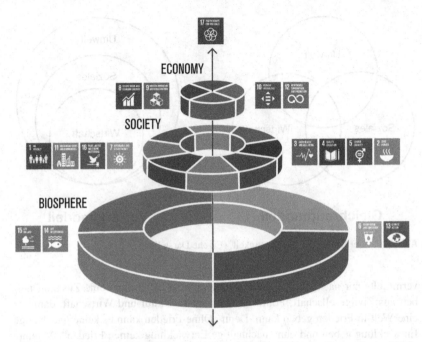

Abb. 2.2 „Wedding Cake" der 17 Nachhaltigkeitsziele (Stockholm Resilience Centre 2016) Creative Commons license CC BY-ND 3.0 https://creativecommons.org/licenses/by-nd/3.0/

überalterte Wirtschaftsverständnis (Kramer & Porter, 2011) liegt in den Grundannahmen der neoliberalen Ökonomie als vorherrschende Denkschule der letzten Jahrzehnte begründet. Darin tragen Unternehmen nur mit ihrer ökonomischen Leistung zur gesellschaftlichen Entwicklung bei, z. B. indem sie Arbeitsplätze schaffen, Investitionen tätigen und Abgaben an den Staat leisten (Friedman, 2017). In dieser Logik werden soziale oder ökologische Errungenschaften, wie Arbeits- oder Umweltschutz, ausschließlich als Kosten angesehen. Sie schmälern den Gewinn und widersprechen damit dem neoliberalen Hauptziel des Wirtschaftens: „Die klassische ökonomische Argumentation spricht Unternehmen von jeglicher Verantwortung frei, die über Profitmaximierung hinausgeht" (Fahr & Foit, 2016: 20). Trotz dieser Hemmnisse hat u. a. durch externen Druck von zivilgesellschaftlichen Gruppen, Kund:innen und Investor:innen die Bedeutung von betrieblicher Nachhaltigkeit im Zeitverlauf zugenommen. Auch gesetzliche Änderungen, wie die Einführung einer nicht-finanziellen Berichterstattungspflicht für Unternehmen (Corporate Sustainability Reporting Directive, CSRD) oder das neue Lieferkettensorgfaltspflichtengesetz (LkSG) erhöhen den Veränderungsdruck für Unternehmen. Das Management von Nachhaltigkeit hat sich so in den letzten Jahren vom Kostentreiber zum Business Case entwickelt und das Leitbild der nachhaltigen Entwicklung ist in die Strategieebene von Unternehmen aufgestiegen. Damit ein Unternehmen im Sinne der nachhaltigen Entwicklung erfolgreich geführt werden kann, müssen öko-soziale Aspekte im Geschäftsmodell verankert werden (siehe Abb. 2.3). Dazu braucht es in Anlehnung an Schaltegger et al. (2012) drei Rahmenbedingungen, die im Folgenden dargestellt werden:

1. Management-Praktiken, um Aktivitäten zu planen, durchzuführen und zu evaluieren
Um Nachhaltigkeit systematisch in internen Strukturen und Prozessen zu integrieren, werden Managementpraktiken benötigt. Sie dienen dazu, die Zielerreichung durch ein Nachhaltigkeitscontrolling zu erfassen, das Personal entsprechend zu qualifizieren oder umweltbezogene Daten zu erheben und auszuwerten. Auch die interne und externe Nachhaltigkeitskommunikation, z. B. durch einen Nachhaltigkeitsbericht, fällt in diesen Bereich. Für diese komplexe Querschnittsaufgabe in der Unternehmensführung hat sich der Begriff Corporate Social Responsibility (CSR) in Theorie und Praxis durchgesetzt (Fricke, 2015). In dem „Grünbuch Europäische Rahmenbedingungen für die Soziale Verantwortung der Unternehmen" aus dem Jahre 2001 findet man diese etablierte Definition:

Abb. 2.3 Verankerung von Nachhaltigkeit ins Geschäftsmodell. (Eigene Darstellung)

„Corporate Social Responsibility steht für verantwortliches unternehmerisches Handeln im eigentlichen Kerngeschäft. CSR bezeichnet ein integriertes Unternehmenskonzept, das alle sozialen, ökologischen und ökonomischen Beiträge eines Unternehmens zur freiwilligen Übernahme gesellschaftlicher Verantwortung beinhaltet, die über die Einhaltung gesetzlicher Bestimmungen hinausgehen und die Wechselbeziehungen mit den Stakeholdern einbeziehen" (BMAS, 2010: 2).

Wesentlich für die Transformation von Organisationen ist es, dass CSR nicht als ein von der der Unternehmensführung losgelöster Teilbereich verstanden wird, sondern als einen integralen Bestandteil zur Entwicklung des Kerngeschäfts. Nachhaltigkeit berührt damit alle Aspekte der Wertschöpfungskette vom Einkauf bis zum Vertrieb und alle Personengruppen, die vom unternehmerischen Handeln betroffenen sind bzw. die einen Einfluss auf das Erreichen der Unternehmensziele besitzen. Bei diesen Stakeholdern (Freeman, 1999), kann die Wirkung von CSR-Maßnahmen am einfachsten evaluiert werden (Lee, 2008). Aktuell gibt es keine gesetzliche Verpflichtung, ein systematisches Nachhaltigkeitsmanagement in Organisationen umzusetzen. Für die nicht-finanzielle Berichterstattung als Teilbereich des CSR-Managements gibt es erste rechtliche Verpflichtungen. In Deutschland wurde 2017 mit dem „CSR-Richtlinien-Umsetzungsgesetz (CSR-RUG)" ein rechtlicher Rahmen geschaffen, der kapitalmarktorientierte Unternehmen, Finanzinstitute und Versicherungen mit mehr als 500 Mitarbeiter:innen dazu verpflichten, einen Nachhaltigkeitsbericht zu veröffentlichen. In diesem Rahmen wird empfohlen über die Themen Umwelt (z. B. Treibhausgasemissionen, Wasserverbrauch), Soziales (z. B. Arbeitsbedingungen, Gesundheitsschutz) und Unternehmensführung (z. B. Bekämpfung von Korruption und Bestechung) zu berichten. Allerdings gibt es bisher keinen einheitlich verpflichtenden Berichtsstandard. Es existieren zwar verschiedene Rahmenwerke wie z. B. Deutscher Nachhaltigkeitskodex (DNK), Global Reporting Initiative (GRI), ISO 26000, UN Global Compact oder Benefit Corporation (B-Corp), die jedoch unterschiedliche inhaltliche Schwerpunkte und methodische Herangehensweisen besitzen. Damit sind die Nachhaltigkeitsberichte der Unternehmen schwer vergleichbar (Brockhoff et al., 2020). Die GWÖ bietet mit ihrer Gemeinwohl-Bilanz (GWB) ebenfalls ein solches Rahmenwerk, welches die aktuellen gesetzlichen Anforderungen zum CSR-RUG erfüllt (Deinert, 2019). Vor dem Hintergrund des European Green Deals verschärft die Europäische Union mit der „Corporate Sustainability Reporting Directive (CSRD)" die CSR-Berichtspflichten für Unternehmen. Sie soll 2024 in Kraft treten und betrifft dann auch mittelgroße Unternehmen mit mehr als 250 Mitarbeiter:innen. Damit wird deutlich, dass durch rechtliche Änderungen die ehemalige Freiwilligkeit von CSR zunehmend begrenzt wird und Unternehmen aufgefordert sind, sich intensiver mit entsprechenden Managementpraktiken zu beschäftigen.

Arbeitsblatt 1 „Managementwerkzeuge und -praktiken"
Welche Methoden oder Managementpraktiken gibt es in Ihrem Unternehmen bereits, um das Thema Nachhaltigkeit (sozial, ökologisch, ökonomisch) zu bearbeiten? Nutzen Sie für eine erste Dokumentation das Arbeitsblatt 1. Hier geht es zum Download der PDF-Datei: www.harrach. com/download

2. Positive Beiträge zum ökonomischen Erfolg
Es ist nicht einfach, die betriebswirtschaftlichen Effekte von betrieblichen Nachhaltigkeitsaktivitäten zu bewerten, da diese sowohl von internen als auch von externen Faktoren sowie von finanziellen und nicht-finanziellen Aspekten abhängig sind (Fahr & Foit, 2016). Dennoch werden in Wissenschaft und Praxis zunehmend positive ökonomische Effekte durch ein Nachhaltigkeitsengagement beschrieben. Unternehmen, die sich nachhaltig ausrichten, besitzen nachweislich Wettbewerbsvorteile, zum Beispiel bei Innovationen, Absatzsteigerungen, Reputationszugewinnen oder der Steigerung der ökonomischen Leistungsfähigkeit und der allgemeinen Wettbewerbsfähigkeit. Auch für die internen Stakeholder Mitarbeiter:innen entstehen durch das CSR-Management konkrete Vorteile, wie z. B. eine höhere Zufriedenheit, Bindung und Commitment. Auch können weitere ökonomische Nutzen im Personalwesen entstehen, da durch CSR-Maßnahmen die Personalgewinnungskosten sinken und die Arbeitgeber:innenattraktivität steigt (Harrach, 2021). Einige dieser positiven Beiträge zum ökonomischen Erfolg wurden auch bei Unternehmen bestätigt, die die Gemeinwohl-Ökonomie als CSR-Praktik nutzen (z. B. Sommer et al., 2018; Mischkowski et al., 2018; Bruns, 2023; Hofielen & Kasper, 2022).

Arbeitsblatt 2 „Nachhaltigkeit als Business Case"
Welche ökonomischen Vorteile entstehen durch Nachhaltigkeit in welchen Transformationsfeldern bereits heute oder könnten zukünftig in Ihrem Unternehmen entstehen? Nutzen Sie zur Reflektion das Arbeitsblatt 2. Hier geht es zum Download der PDF-Datei: www.harrach.com/download

3. Umsetzung einer langfristigen Nachhaltigkeitsstrategie

Um die Verbindung zwischen Nachhaltigkeit und dem wirtschaftlichen Erfolg im Geschäftsmodell langfristig zu entwickeln braucht es eine Strategie. Schaltegger et al. (2012) schlagen drei strategische Ansätze vor, die der Nachhaltigkeitstypologie Dyllicks und Muff (2016) ähneln. Bei der defensiven Strategie orientiert sich das Unternehmen an der Erfüllung gesetzlicher Rahmenbedingungen und betrachtet Nachhaltigkeit primär aus einer Kosten- und Risikoperspektive. Dyllicks und Muff sprechen hierbei von „Business Sustainability 1.0", die alleinig die Bedürfnisse von Anteilseignern (Shareholder) befriedigen soll. Bei der zweiten, der adaptiven Strategie, werden ökologische und soziale Themen partiell in Geschäftstätigkeit und Strategie integriert. Nachhaltigkeit wird dadurch zwar ganzheitlicher betrachtet, aber immer noch als Add-On verstanden. Der ökonomische Nutzen ist ersichtlich z. B. im Bereich der Imagepflege, aber das Thema ist nicht vollständig im Geschäftsmodell verankert. Einen solchen Ansatz nennen Dyllicks und Muff „Business Sustainability 2.0". Dabei wird Nachhaltigkeit zwar in die Unternehmensstrategie integriert und es erfolgt eine Festlegung auf ökonomische, ökologische und soziale Ziele, sodass alle drei Säulen der Nachhaltigkeit bedient werden. Es liegt dabei der Fokus auf dem reinen Vermeiden von sozial-ökologischen Schäden durch die unternehmerische Tätigkeit. Bei der proaktiven Strategie wird Nachhaltigkeit als Kern der Wertschöpfungskette und als Mission des Unternehmens betrachtet. Bei diesem „Business Sustainability 3.0"-Ansatz ist das Unternehmen bestrebt, mit seinen Ressourcen, Kompetenzen und Produkten, also mit seinem Geschäftsmodell, aktiv einen Beitrag zur nachhaltigen Entwicklung zu leisten.

Die Transformation zu einer nachhaltigen Organisation im Sinne der „Business Sustainability 3.0" stellt eine große Herausforderung dar, da die Geschäftsprozesse und Alltagsroutinen in den Betrieben Nachhaltigkeit bisher kaum bzw. wenig ganzheitlich berücksichtigen und auch nicht im Wertangebot die Lösung sozial-ökologischer Probleme formuliert ist. Für Unternehmer:innen, Führungskräfte und Mitarbeiter:innen entstehen vor dieser Herausforderung viele neue Fragen, wie z. B. Wie soll der Wandel konkret gemanaged werden? Wie wirken sich diese Veränderungen auf unseren ökonomischen Erfolg aus? Welche neuen Erfolgsindikatoren brauchen wir, um den Fortschritt zu mehr Nachhaltigkeit zu bewerten? Welche neuen Kompetenzen brauchen die Mitarbeitenden? Wie können wir das Team motivieren, sich für die Transformation zu engagieren? Vor diesem Hintergrund ist es angeraten, Mitarbeiter:innen in den Mittelpunkt der Transformation zu stellen und sie als Treiber der Veränderung zu empowern (Harrach, 2021). Denn: Zur Umsetzung von nachhaltigen Geschäftsmodellen werden kompetente und motivierte Mitarbeiter:innen gebraucht (Kramer & Porter, 2011).

2.3 Personalzentrierte Transformationsstrategie

Da es sich bei der Transformation hin zu einer nachhaltigen Organisation auch um einen Kulturwandel von einer rein ökonomischen zu einer wertorientierten Wirtschaftsweise handelt, müssen alle Bereiche der Organisation in diesen Veränderungsprozess eingebunden werden. Eine nachhaltige Organisationsentwicklung kann also nur gelingen wenn Mitarbeiter:innen aus verschiedenen Unternehmensbereichen und Hierarchiestufen in den Prozess strategisch eingebunden werden (Harrach, 2021). Dazu braucht es eine stärkere Vernetzung von Nachhaltigkeits- und Personalmanagement (Human-Ressource-Management, HRM). Denn: „HR ist der Schüsselpartner im Unternehmen, der dafür sorgt, dass CSR zu einem Erfolgsfaktor bei der Erreichung der Unternehmensziele wird" (Sutter, 2015: 648).

Für die Konzeption einer personalzentrierten Nachhaltigkeitsstrategie kann die sogenannte Ability-Motivation-Opportunities-Theorie (AMO-Theorie) von Appelbaum et al. (2000) herangezogen werden. Dieses Modell wird in der Organisationspsychologie genutzt, um die Effekte von Transformationsimpulsen aus dem Personalwesen auf die Veränderungsfähigkeit von Organisationen zu erklären. Dabei geht es, wie der Name andeutet, um die drei Bereiche „Ability" (Fähigkeiten oder „Können"), „Motivation" („Wollen") und „Opportunity" (Gelegenheiten oder „Dürfen") (siehe Abb. 2.4). Dieses Modell wurde bereits zur Entwicklung von Nachhaltigkeitsstrategien angewendet, bei denen Mitarbeiter:innen im Zentrum des strategischen CSR-Management stehen: „Eine proaktive Strategie beim Nachhaltigkeitsmanagement erfordert im Prozess der Implementierung, dass bei Führungskräften und allen anderen Mitarbeitern ein Wollen (Motivation), Können (Qualifikationen) und Dürfen (Restriktionen) gegeben ist" (Kirchgeorg, 2004: 661). Auch das Konzept des Nachhaltigkeitsempowerments von Mitarbeiter:innen von Harrach (2021) nutzt die drei gleichen Dimensionen wie die AMO-Theorie, ergänzt diese allerdings um einen vierten Aspekt: die wahrgenommene Wirksamkeit beim Nachhaltigkeitsengagement.

Bei der Motivation geht es im Sinne eines nachhaltigkeitsbezogenen Talent-Managements darum, solche Mitarbeiter:innen zu identifizieren, die sich aktiv für die nachhaltige Entwicklung am Arbeitsplatz engagieren wollen. Diese besondere Personengruppe besitzt eine nachhaltige Werthaltung und praktische Nachhaltigkeitskompetenzen, die für eine erfolgreiche strategische Neuausrichtung eines Unternehmens in Richtung Nachhaltigkeit relevant sind (Buerke et al., 2013). Diese „Nachhaltigkeitstalente" (Kirchgeorg, 2004) oder „Change Agents" (Buhr, 2015) können mit ihren intrinsischen Motivationen als interne Promotor:innen die nachhaltige Entwicklung in Organisationen authentisch vorantreiben. Um

Abb. 2.4
Personalzentrierte
Transformationsstrategie.
(Eigene Darstellung)

diese besonderen Mitarbeitenden als Ressource für die nachhaltige Organisationsentwicklung zu nutzen, müssen Unternehmensleitung und Führungskräfte einen
formellen Rahmen oder „Opportunities" schaffen, in dem das CSR-Engagement
von Mitarbeiter:innen möglich wird. So ist es von zentraler Bedeutung, dass eine
klare Legitimation von der Geschäftsleitung ausgesprochen wird. Dieser Top-
down Ansatz schafft im Unternehmen die organisationalen Rahmenbedingungen,
damit Mitarbeiter:innen sich an der Geschäftsmodelltransformation beteiligen
dürfen, was zu einer höheren Zufriedenheit führt (Lamm et al., 2015; Harrach et al., 2014; Harrach et al., 2020). Auch ist es wichtig, Fachexpert:innen
zu motivieren, mit ihren Kompetenzen einen Beitrag zur nachhaltigen Organisationsentwicklung zu leisten. Um diese Expert:innen zu gewinnen, sollte bei
ihnen insbesondere der „Business-Case" für Nachhaltigkeit angesprochen werden,
d. h. Motivation darüber zu wecken, dass Nachhaltigkeit ökonomische Vorteile
bewirken kann. Eine weitere wichtige Personengruppe für einen Wandel in Organisationen sind die sogenannten Intrapreneure (Pinchot & Pinchot, 1978). Dieser
Mitarbeiter:innentyp, der in Organisationen als „Unternehmer im Unternehmen"
(Pfeiffer, 2021) agiert, zieht seine Motivation daraus, dass seine innovativen Ideen
geschätzt und umgesetzt werden. Neben der Entwicklung von Innovationen exis-
tiert bei diesen Personen auch eine Affinität zum Thema Nachhaltigkeit, die sich
ebenfalls im Sinne von nachhaltigkeitsbezogenen Wettbewerbsvorteilen für die
Unternehmenstransformation nutzen lässt (Schrader & Harrach, 2013).

Ein weiterer relevanter Bereich bei der personalzentrierten Transformations-
trategie ist der Bereich Kompetenzentwicklung im Sinne der dritten AMO-Säule
„Ability" (Fähigkeiten oder „Können"). Einerseits gibt es im Unternehmen bereits

Wissen und Erfahrungen wie Nachhaltigkeit umgesetzt werden kann. Allerdings ist dieses Wissen häufig nicht systematisch aufbereitet bzw. dokumentiert. Andererseits braucht es neue Fertigkeiten und Fähigkeiten bis hin zu neuen Berufsbildern, um Nachhaltigkeit in der Organisation umzusetzen. Hier können sich Personalverantwortliche an der UNESCO-Strategie „Berufsbildung nachhaltige Entwicklung / BBNE" orientieren. Sie soll Mitarbeitende motivieren und qualifizieren, die nachhaltige Organisationsentwicklung partizipativ mitzugestalten. Dazu sollen Einzelne befähigt werden, Wissen und Kompetenzen zu erwerben, um Nachhaltigkeit bei betrieblichen Entscheidungen zu berücksichtigen und entsprechend handeln zu können. So soll eine nachhaltig ausgerichtete Beschäftigungsfähigkeit („Sustainemployability") entwickelt werden. Diese soll gesellschaftliche, branchenspezifische und private Rahmenbedingungen sowie übergreifende Selbst- und Sozialkompetenzen berücksichtigen (Berger et al., 2007). Ein besonderes Augenmerk der BBNE liegt auf einem partizipativen Lernen im beruflichen Alltag, um gemeinsam praxisnahe Gestaltungskompetenzen zur Transformation von Unternehmen zu entwickeln. Die nachfolgend dargestellten Ansätze und Werkzeuge der Gemeinwohl Ökonomie sind mit ihrer stark partizipativen Ausrichtung dazu geeignet, eine personalzentrierte Transformationsstrategie im Sinne der AMO-Theorie umzusetzen.

Arbeitsblatt 3 „Ihr Transformationsteam"
Welche Personen fallen Ihnen spontan ein, die für die Transformation Ihrer Organisation relevant sind? Schreiben Sie ihnen die Rollen „Change Agent:in", „Fach-Expert:in" und „Intrapreneur:in" zu. Nutzen Sie für Ihre Notizen das Arbeitsblatt 3. Hier geht es zum Download der PDF-Datei: www.harrach.com/download

Gemeinwohl-Ökonomie

3

3.1 Hintergründe und Einordnung

Die Gemeinwohl-Ökonomie (GWÖ) kann aus zwei unterschiedlichen Perspektiven betrachtet werden: Erstens als zivilgesellschaftliche Bewegung (Felber, 2018), die als soziale Innovation wirkt (Sommer et al., 2019) und zweitens als ein Wirtschaftsmodell, das eine „ethische Marktwirtschaft, die Solidarität und Nachhaltigkeit in den Vordergrund stellt" (Bruns, 2021: 27) etablieren möchte und ein konkretes Werkzeug zum CSR-Management anbietet (Sommer et al., 2018).

Die zivilgesellschaftliche GWÖ-Bewegung entstand mit ihren Thesen und Praktiken im Kreis von engagierten Unternehmer:innen und Aktivist:innen im Jahre 2010 in Österreich. An der Gründungsinitiative war auch der Autor Christian Felber beteiligt, der die zentralen Aspekte der GWÖ in dem 2010 erschienenen gleichnamigen Buch zusammentrug. Dieses Werk gilt bis heute als wichtigster Referenzpunkt der Visionen, Handlungsfelder und Werkzeuge der GWÖ. Darin werden die drei zentralen Handlungsfelder im Sinne der aristotelischen Trias von Ethik, Politik und Ökonomie dargestellt: „Bewusstseinsbildung, marktkonforme Anreize und verbindliche Gesetze" (Felber, 2018: 203). Die GWÖ-Bewegung kann im Sinne von Zapf (1989) als soziale Innovation angesehen werden, da sie neue Wege geht, um die gesellschaftliche Veränderung mit innovativen Ansätzen zu fördern, die international nachgeahmt werden: „Aktuell umfasst die Bewegung weltweit 11.000 Unterstützer*innen, rund 5000 Mitglieder in über 170 Regionalgruppen, 35 GWÖ-Vereine, über 1.000 bilanzierte (…) Organisationen, knapp 60 Gemeinden und Städte sowie 200 Hochschulen weltweit, die die Vision der Gemeinwohl-Ökonomie verbreiten, umsetzen und weiterentwickeln." (Gemeinwohl-Ökonomie Deutschland e. V., 2023a). Die Bewegung ist dezentral organisiert und es gibt verschiedene basisdemokratische Strukturen und

C. Harrach, *Transformation von Unternehmen mit der Gemeinwohl-Ökonomie*, essentials, https://doi.org/10.1007/978-3-662-68546-4_3

Gremien, in denen Abstimmungen konsensual getroffen werden. Für die verschiedenen Handlungsfelder gibt es 14 ehrenamtliche Akteur:innenkreise z. B. für die Themen Beratung, Bildung, Gemeinden, Gesundheit, Jugend, Referent:innen, Unternehmen oder Wissenschaft (Gemeinwohl-Ökonomie Deutschland e. V., 2023b). Im Bereich Bildung gibt es diverse Angebote wie zum Beispiel einen Lernweg zum/zur Gemeinwohl-Ökonomie Berater:in, der sich an Unternehmensberater:innen richtet, die die GWÖ in Unternehmen umsetzen wollen. Daneben gibt es Bildungsformate für Schulen, außerschulische Bildungseinrichtungen und Hochschulen, welche die Werkzeuge und die Ethik der GWÖ lehren. Im Bereich Politik bezieht sich die GWÖ explizit auf die Verfassungswerte westlicher Demokratien und möchte diese als oberste Ziele des Wirtschaftens verankern (Felber, 2018). Ein häufig verwendeter Bezugspunkt ist Artikel 14 des deutschen Grundgesetzes: „Eigentum verpflichtet. Sein Gebrauch soll zugleich dem Wohle der Allgemeinheit dienen". Zur Umsetzung dieses politischen Anspruchs engagieren sich Ehrenamtliche für ein positives Lobbying. Dies hat u. a. dazu geführt, dass der Europäische Wirtschafts- und Sozialausschuss sich unter dem Titel „Die Gemeinwohl-Ökonomie: Ein nachhaltiges Wirtschaftsmodell für den sozialen Zusammenhalt" (ESWA, 2015) mit einer Mehrheit von 86 % Zustimmung für eine Integration des GWÖ-Modells in den Rechtsrahmen der EU und der einzelnen Mitgliedsstaaten ausgesprochen hat (Kasper, 2023). Auch wirken Mitglieder der GWÖ seit 2022 als eine von 13 Mitgliedsorganisationen in der European Financial Reporting Advisory Group (EFRAG) mit, die mit der Erarbeitung der Europäischen Nachhaltigkeitsberichtsstandards (ESRS) für die neue Nachhaltigkeitsberichterstattungsrichtlinie CSRD beauftragt ist. Daneben finden dezentral über die Vereine der Bundesländer oder über die Regionalgruppen politische Aktionen statt, um z. B. in einem Austausch mit Politiker:innen zu den Forderungen der GWÖ. So entstand z. B. anlässlich der der Landtagswahlen in NRW 2022 ein Positionspapier der GWÖ-Regionalgruppen und des Social Entrepreneurship Netzwerks Deutschland mit politischen Forderungen an die neue Landesregierung (Stiftung Gemeinwohl-Ökonomie, 2022).

Betrachtet man die GWÖ aus der ökonomischen Perspektive kann die GWÖ den alternativen (Köhne, 2020) und den transformativen Wirtschaftsformen (Schneidewind et al., 2017) oder der „true business sustainability" (Dyllick & Muff, 2016) zugeordnet werden. Als „neue Wirtschaftstheorie" (Felber, 2018: 10) möchte die Bewegung, wie der Name schon vermuten lässt, die gesellschaftliche Veränderung durch die Transformation des Wirtschaftssystems bewirken. So sollen die Ziele ökonomischer Akteur:innen vom Eigennutz zum Gemeinnutz „umgepolt" werden und anstelle „von Konkurrenz sollen Kooperation und

Solidarität in der Wirtschaft belohnt werden" (Felber, 2018: 241). Diese Neuausrichtung auf das Gemeinwohl und die Etablierung einer gemeinwohl-orientierten Ethik in der Wirtschaft soll sowohl über volkswirtschaftliche als auch über betriebswirtschaftliche Ansätze umgesetzt werden. Während die GWÖ auf makroökonomischer und wirtschaftstheoretischer Ebene aktuell Schwächen besitzt (Ulrich, 2019; Dujmovits & Sturn, 2019; Köhne, 2020; Sommer et al., 2018) kann sie mit praktisch erprobten betriebswirtschaftlichen Ansätzen und Werkzeugen überzeugen. Dieses Buch konzentriert sich auf diese mikroökonomischen Beiträge, da die volkswirtschaftlichen Visionen wie z. B. eine gemeinwohl-orientierte Steuerreform, eine Neugestaltung des Finanzsystems oder eine alternative volkswirtschaftliche Gesamtrechnung mittels Gemeinwohl-Produkt sich noch in einem Ideen- bzw. bestenfalls im Prototypenstadium befinden und bisher noch nicht umgesetzt bzw. evaluiert wurden.

In der Betriebswirtschaftslehre ordnet sich die GWÖ schwerpunktmäßig in den Diskurs um Nachhaltigkeits-/CSR-Management ein (Sommer et al., 2018) und dabei insbesondere in den Bereich der nicht-finanziellen Berichterstattung. Um die sozial-ökologischen Auswirkungen von Organisationen transparent darzustellen, bietet die GWÖ mit ihrer Gemeinwohl-Bilanz (GWB) ein erprobtes Instrument zur unternehmerischen Nachhaltigkeitsbewertung, „das den Beitrag einer Organisation zum Gemeinwohl sichtbar und bewertbar machen soll und gleichzeitig der Organisationsentwicklung dient" (Kasper, 2021: 14). Die GWB geht über die rein monetäre Erfolgsmessung hinaus (Stöhr & Herzig, 2021) und bewertet wirtschaftliches Handeln nach alternativen Maßstäben, da bei der GWÖ nicht der finanzielle Gewinn im Vordergrund steht, „sondern, wie das Unternehmen zur Umsetzung bestimmter Werte beiträgt" (Sommer et al., 2018: 21). Dieses „Herzstück der GWÖ" (Bruns, 2023: 25) adressiert neben klassischen CSR-Aspekten wie Nachhaltigkeit in der Lieferkette und Ressourcenverbrauch auch weiterreichende Themen, die Grundannahmen der neoklassischen Ökonomie infrage stellen. Dazu zählen z. B. eine Wachstumskritik, Fragen nach suffizienten Wirtschaftspraktiken und Aspekte der „Business Sustainability 3.0" (Dyllick & Muff, 2016).

Bisher haben bereits rund 1.200 Unternehmen (GWÖ Deutschland e. V., 2023c) die Gemeinwohl-Bilanz in ihrer Organisation angewendet. Bevor das Werkzeug GWB dargestellt wird, soll die Gemeinwohl-Matrix vorgestellt werden, welche die konzeptionelle Grundlage der GWB darstellt.

3.2 Gemeinwohl-Matrix und ihre Werte

Die Gemeinwohl-Matrix (GWM) bietet eine „Erfassungssystematik" (Ulrich, 2019: 312), um das komplexe Thema betriebliche Nachhaltigkeit übersichtlich auf einer Seite darzustellen. In diesem Modell für die Bewertung von unternehmerischen Aktivitäten wird das Gemeinwohl-Verständnis tabellarisch über vier Wertekategorien in der Horizontalen operationalisiert und in der Vertikalen mit den fünf wesentlichen Stakeholdern (Berührungsgruppen) in Beziehung gesetzt. So entstehen 20 Themenfelder, hinter denen sich die Anforderungen und ein Fragenkatalog der GWÖ verbergen (Sommer et al., 2018) (siehe Abb. 3.1). Welche Themen, Fragen und Indikatoren darin genau erfasst werden wird über einen partizipativen Prozess bestimmt (Felber, 2018) und in einem Arbeitsbuch festgeschrieben. Dieses Begleitdokument „beinhaltet alle notwendigen Informationen, um die Themen und Aspekte der Gemeinwohl-Matrix zu verstehen" (Blachfellner et al., 2017: 7) und wird von dem sogenannten Matrix-Entwicklungsteam (MET) veröffentlicht. Die GWÖ-Matrix ist kein starres Konstrukt, sondern hat sich seit Gründung der GWÖ ständig weiterentwickelt, welches über die Versionsbezeichnung sichtbar wird. Die aktuell gültige Version 5.0 aus dem Jahr 2017 ist nachfolgend abgebildet.

Die Themen der einzelnen Matrixfelder werden im praxisorientierten Kapitel „Gemeinwohl-Check" vertiefend vorgestellt. An dieser Stelle sollen die GWÖ-Werte dargestellt werden bzw. wie diese über ihre „rudimentär entfalteten ethischen Leitbegriffe" (Ulrich, 2019: 308) das Gemeinwohl-Verständnis operationalisieren. In der Literatur wird kritisiert, dass es bei dem Begriff des Gemeinwohls, der eine lange philosophische Tradition besitzt, es „überaus schwer bzw. nahezu unmöglich (ist), sich demokratisch auf einen substantiell bestimmten Begriff des Gemeinwohls … zu einigen" (Sommer et al., 2018: 13). Dennoch hat die GWÖ einen Versuch unternommen, eine allgemeingültige Festschreibung durch die vier Wertekategorien „Menschenwürde", „Solidarität und Gerechtigkeit", „Ökologische Nachhaltigkeit" sowie „Transparenz und Mitentscheidung" zu etablieren. Es wird kritisch angemerkt, dass diese nicht trennscharf sind (Meynhardt & Fröhlich, 2017) und dass, obwohl sich die GWÖ explizit auf das Grundgesetz bezieht, andere Gemeinwohlwerte, wie z. B. Freiheit, Rechtsstaatlichkeit, Frieden, Rechtssicherheit, Wohlstand darin nicht berücksichtigt werden (Köhne, 2020; Sommer et al., 2018). Damit sieht Meynhardt und Fröhlich (2017) die Operationalisierung des Gemeinwohlbegriffs über die GWÖ-Matrix als „legitimierungsbedürftig". Gleichzeitig zeigt eine neuere empirische Untersuchung von Meynhard et al. (2019), dass die GWÖ-spezifische inhaltliche Deutung des Gemeinwohl-Begriffs sich trotz der Kritik grundlegend mit dem

GEMEINWOHL-MATRIX 5.0

GEMEINWOHL
ÖKONOMIE

WERT / BERÜHRUNGSGRUPPE	MENSCHENWÜRDE	SOLIDARITÄT UND GERECHTIGKEIT	ÖKOLOGISCHE NACHHALTIGKEIT	TRANSPARENZ UND MITENTSCHEIDUNG
A: LIEFERANT*INNEN	A1 Menschenwürde in der Zulieferkette	A2 Solidarität und Gerechtigkeit in der Zulieferkette	A3 Ökologische Nachhaltigkeit in der Zulieferkette	A4 Transparenz und Mitentscheidung in der Zulieferkette
B: EIGENTÜMER*INNEN & FINANZ-PARTNER*INNEN	B1 Ethische Haltung im Umgang mit Geldmitteln	B2 Soziale Haltung im Umgang mit Geldmitteln	B3 Sozial-ökologische Investitionen und Mittelverwendung	B4 Eigentum und Mitentscheidung
C: MITARBEITENDE	C1 Menschenwürde am Arbeitsplatz	C2 Ausgestaltung der Arbeitsverträge	C3 Förderung des ökologischen Verhaltens der Mitarbeitenden	C4 Innerbetriebliche Mitentscheidung und Transparenz
D: KUND*INNEN & MITUNTERNEHMEN	D1 Ethische Kund*innenbeziehungen	D2 Kooperation und Solidarität mit Mitunternehmen	D3 Ökologische Auswirkung durch Nutzung und Entsorgung von Produkten und Dienstleistungen	D4 Kund*innen-Mitwirkung und Produkttransparenz
E: GESELLSCHAFTLICHES UMFELD	E1 Sinn und gesellschaftliche Wirkung der Produkte und Dienstleistungen	E2 Beitrag zum Gemeinwesen	E3 Reduktion ökologischer Auswirkungen	E4 Transparenz und gesellschaftliche Mitentscheidung

Abb. 3.1 Gemeinwohl-Matrix 5.0 (Blachfellner et al., 2017: 8) Creative Commons license CC BY-SA 4.0 https://creativecommons.org/licenses/by-sa/4.0/

Verständnis eines Bevölkerungsdurchschnitts in Deutschland deckt. Auch bilden die GWÖ-Werte etablierte Konzepte der nachhaltigen Entwicklung ab wie z. B. die drei Säulen der Nachhaltigkeit (Elkington, 1994), die ESG-Kriterien (Environment, Social, Governance) des European Green Deals sowie die Ziele der Agenda 2030 der Vereinten Nationen (Kasper, 2023) und sie berücksichtigen die Konzepte der Generationengerechtigkeit (Brundtland, 1987) und der planetaren Grenzen (Rockström et al., 2009). Nachfolgend werden die GWÖ-Werte und ihre Auslegung kurz erläutert.

1. Menschenwürde

Menschenwürde ist ein grundlegendes ethisches Konzept, das allen Menschen allein aufgrund ihrer Existenz einen inhärenten Wert und eine unantastbare Würde zuschreibt. Dieser Wert ist unabhängig von individuellen oder sozialen Merkmalen. Menschenwürde bildet die Grundlage für den Schutz der grundlegenden Rechte und Freiheiten jeder Person. Sie ist in internationalen Menschenrechtsabkommen (wie z. B. die ILO-Arbeitsrechtnormen) und in vielen demokratischen Verfassungen verankert, wie z. B. in Artikel 1 des deutschen Grundgesetzes: „Die Würde des Menschen stellt den obersten Verfassungsgrundsatz dar". Die GWÖ versteht unter Menschenwürde konkret, „dass jedes menschliche Wesen an sich wertvoll, schützenswert und einmalig ist, unabhängig von Herkunft, Alter, Geschlecht und anderen Merkmalen. Der Mensch und letztendlich jedes Lebewesen hat eine Existenzberechtigung, verdient Wertschätzung, Respekt und Achtung. Das menschliche Individuum steht dabei über jeder Sache und Vermögenswerten. Der Mensch steht im Mittelpunkt. Die Menschenwürde ist unabhängig von der Verwertbarkeit der menschlichen Arbeitskraft und „unantastbar" (Blachfellner et al., 2017: 15).

2. Solidarität und Gerechtigkeit
Unter Solidarität versteht man ein Konzept der gemeinsamen Verantwortung, Unterstützung und Kooperation von Individuen oder Gruppen für das Wohl anderer Menschen. Es beschreibt, dass Mitglieder einer Gemeinschaft wechselseitig verbunden sind, sich gegenseitig unterstützen sollten, vor allem in Notlagen. Solidarität geht über die Hilfe hinaus und fordert Menschen auf, sich aktiv für das Wohl anderer einzusetzen. Die GWÖ versteht unter Solidarität einen Anspruch, „allen Menschen zumindest eine Grundausstattung an Chancen zu bieten und niemanden untergehen zu lassen". Sie „äußert sich in gegenseitiger und uneigennütziger Hilfestellung bei Notlagen bzw. zur Überwindung schwieriger Situationen sowie in freiwilliger Kooperation miteinander", Solidarität „mündet unter Umständen auch in einer konkreten Gemeinschaftsverpflichtung und -haftung. Das Kollektiv übernimmt dabei Verantwortung für Schwächere" und sie „basiert auf einem Zusammengehörigkeitsgefühl, das aus Sicht der GWÖ als Verbundenheit mit Menschen verstanden wird, und nicht in einer Abgrenzung zu anderen Gruppen, wie es historisch oftmals verstanden wurde" (Blachfellner et al., 2017: 15).

Gerechtigkeit bezieht sich als ethisches Konzept auf Fairness, Ausgewogenheit und den moralisch richtigen Umgang von Mitgliedern in einer Gemeinschaft. Sie bildet die Grundlage für funktionierende Rechtssysteme, sozialen Institutionen und zwischenmenschlichen Beziehungen, indem sie allen das zugesteht, was ihnen aufgrund von Rechten oder Bedürfnissen zusteht, ohne Diskriminierung oder Ungleichbehandlung. Für die GWÖ beschreibt Gerechtigkeit eine „Zielvorstellung, bei der es eine angemessene Verteilung von Gütern, Ressourcen, Macht sowie auch Chancen und Pflichten gibt". Sie „wird über soziale Mechanismen hergestellt, wie eine gerechte Ordnung von Gesellschaft, Wirtschaft und Staat. Im Idealfall sind diese institutionalisiert, d. h. in einer Rechtsordnung verankert. Handlungen, die Gerechtigkeit herstellen sollen, sind daher zumeist nicht ausschließlich freiwillig gesetzt" (Blachfellner et al., 2017: 15).

3. Ökologische Nachhaltigkeit
Ökologische Nachhaltigkeit ist das Prinzip, natürliche Ressourcen so zu nutzen, dass die langfristige Gesundheit der Ökosysteme vor dem Hintergrund der planetaren Grenzen gesichert ist, ohne im Sinne der Generationengerechtigkeit die Freiheit zukünftiger Generationen zu beeinträchtigen. Ziel des Konzeptes ist es, ein Gleichgewicht zwischen menschlichen Aktivitäten und der Natur zu finden und negative Auswirkungen auf die Umwelt zu vermeiden. Die GWÖ definiert ökologische Nachhaltigkeit als „die Beziehungen der Lebewesen zu ihrer Umwelt, welche gleichzeitig ihre Lebensgrundlage darstellt. Durch die Eingriffe des Menschen ist diese massiv bedroht. Unternehmen sind besonders gefordert, ihren Beitrag zu einer nachhaltigen Entwicklung zu leisten. Diese soll den Bedürfnissen der heutigen Generation entsprechen, ohne die Möglichkeit künftiger Generationen zu gefährden, ihre Bedürfnisse zu befriedigen und ihren Lebensstil zu wählen" (Blachfellner et al., 2017: 16).

4. Transparenz und Mitentscheidung
Das Konzept der Transparenz beschreibt die Offenlegung von Informationen, die für andere relevant oder von Interesse sein könnten. In einem transparenten Umfeld sind Informationen leicht zugänglich und verständlich aufbereitet, um Verständnis und Vertrauen zu fördern. Für die GWÖ ist Transparenz „eine Voraussetzung, damit mündige Berührungsgruppen mitentscheiden können. Unter Transparenz ist die Offenlegung aller für das Gemeinwohl bedeutender Informationen zu verstehen, insbesondere der kritischen Daten wie z. B. der Protokolle der Führungsgremien, der Gehälter, der internen Kostenrechnung, der Entscheidungen über Einstellungen und Entlassungen usw." (Blachfellner et al., 2017: 16).

Mitentscheidung beschreibt einen Prozess, bei dem mehrere Gruppen oder Individuen gemeinsam eine Entscheidung herbeiführen. Bei einer solchen partizipativen Entscheidungsfindung werden verschiedene Interessen, Meinungen und Standpunkte berücksichtigt, bevor eine endgültige Entscheidung getroffen wird. Als demokratische Bewegung beinhaltet für die GWÖ Mitentscheidung „die Mitwirkung der jeweiligen Berührungsgruppe an den Entscheidungen, vor allem bei jenen, die sie selbst betreffen. Die Betroffenen sollen zu Beteiligten gemacht und so weit wie möglich involviert werden. Dabei gibt es unterschiedliche Abstufungen von Anhörung und Konsultation über ein Vetorecht bis hin zu gemeinsamen konsensualen Entscheidungen" (Blachfellner et al., 2017: 16).

3.3   Gemeinwohl-Bilanz

Um den Beitrag von Unternehmen zum Gemeinwohl sichtbar und bewertbar zu machen, hat die GWÖ mit der Gemeinwohl-Bilanz (GWB) ein Rahmenwerk zur nicht-finanziellen Berichterstattung entwickelt, welches die aktuellen rechtlichen Anforderungen des CSR-Richtlinien-Umsetzungsgesetzes in Deutschland erfüllt (Deinert, 2019). Die GWB wird vom Bundesministerium für Arbeit und Soziales als „alternativer Standard" für die CSR-Berichterstattung benannt (BMAS, 2023a) und stellt ein Werkzeug der Organisationsentwicklung dar, „indem sie ein Profil von Stärken und Schwächen erzeugt, das zur weiteren Verbesserung der Nachhaltigkeitsleistung dienen kann" (Hofielen & Kasper, 2022: 165). Im Vergleich zu anderen Rahmenwerken der CSR-Berichterstattung kommt eine Studie des Institutes for Advanced Sustainability Studies (IASS) zu dem Ergebnis, dass die GWB formell überdurchschnittlich gut geeignet ist, eine umfängliche, vergleichbare und überprüfbare Nachhaltigkeitsberichterstattung umzusetzen (Brockhoff et al., 2020). In einer weiteren vergleichenden Studie (Sommer et al., 2018) wird deutlich, dass die GWB „eine besonders große Reichweite sowohl in thematischer Hinsicht als auch entlang der Stationen der Wertschöpfungskette" besitzt. Die Autoren konstatieren auch, dass die GWB sich von anderen Rahmenwerken unterscheide, indem „sie vergleichsweise starke inhaltlich-normative Anforderungen formuliert, im Gegensatz zu den reinen Transparenzanforderungen anderer Instrumente" (ebenda: 25) und auch einen „dezidiert politischen Anspruch" (ebenda: 32) beinhaltet. Das Verfahren ist so konzipiert, dass eine GWB „für Unternehmen jeder Branche, jeder Größe und jeder Rechtsform anwendbar ist" (Blachfellner et al., 2017: 11). Untersuchungen zeigen, dass die GWB bisher überwiegend von kleinen und mittleren Unternehmen aus privater und öffentlich-rechtlicher Hand angewendet wird (Hofielen & Kasper, 2022). Bruns (2023) hat herausgefunden, dass GWÖ-Unternehmen bereits vor der GWÖ-Bilanzierung wertorientiert ausgerichtet waren. Sie stammen geografisch mehrheitlich aus dem deutschsprachigen Raum (Brockhoff et al., 2020). Eine GWB kann in Eigenleistung mithilfe des Arbeitsbuches oder in Zusammenarbeit mit zertifizierten GWÖ-Berater:innen erstellt werden.

Nachfolgend soll der Prozess erläutert werden, wie eine GWB entsteht und welche Aspekte sie berücksichtigt. Grundsätzlich bezieht sich die GWB inhaltlich und strukturell auf die Gemeinwohl-Matrix und füllt die 20 Matrixfelder mit Leben, indem Berichtsfragen zur Situation des Unternehmens beantwortet werden. Die Gemeinwohl-Bilanzierung ist als kontinuierlicher Verbesserungsprozess angelegt, „der sich als sogenannter „Deming-Zyklus" (siehe Abb. 3.2) mit den vier Phasen „Plan, Do, Check, Act" beschreiben lässt" (Einsiedel & Harrach, 2021: 14).

In der Planungsphase werden alle vorbereitenden Maßnahmen getroffen: So wird zur Vorbereitung der Bilanzierung z. B. die Legitimation der Führungskräfte eingeholt, die Terminplanung vorgenommen und das Team zusammengestellt. Da die GWÖ einen starken Wert auf Partizipation legt (Sommer et al., 2018) ist es im Sinne einer personalzentrierten Transformationsstrategie angeraten, neben den Fachexpert:innen auch möglichst viele Change Agent:innen und Intrapreneuer:innen in den Bilanzierungsprozess zu involvieren. Zur Erstellung einer vollständigen Gemeinwohl-Bilanz werden daher umfangreiche zeitliche Ressourcen benötigt.

In der „Do-Phase" findet die eigentliche Berichterstattung statt. Dazu werden in fünf Workshops zu den einzelnen Berührungsgruppen für jedes Matrix-feld konkrete Berichtsfragen für die beiden letzten Geschäftsjahre beantwortet und die Aussagen mit betrieblichen Kennzahlen (verpflichtenden Indikatoren) belegt. Mit dieser Methode kann transparent und umfassend dargestellt werden, wie eine Organisation die GWÖ-Werte in Beziehung zu ihren Stakeholdern lebt. Ergänzt wird dieser vergangenheitsbezogene Tätigkeitsbericht um die Fest-schreibung von Verbesserungsideen für die zukünftige Organisationsentwicklung

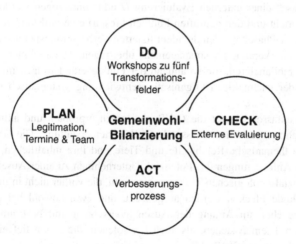

Abb. 3.2 Gemeinwohl-Bilanzierungsprozess

(Blachfellner et al., 2017). Im Ergebnis entsteht so ein umfassender Gemeinwohl-Bericht, der als Besonderheit im Vergleich zu anderen Rahmenwerken der CSR-Berichterstattung eine quantitative Einschätzung der Gemeinwohl-Performance pro Matrixfeld und in Summe enthält. Die Gemeinwohlpunkte ergeben sich über eine Skala von null bis zehn, die pro Matrixfeld auf eine maximale Punktsumme von 50 Gemeinwohlpunkten umgerechnet werden. Die Skala wird unterteilt in Bewertungsstufen, die mit der „Basislinie" starten (das Unternehmen hält sich an die gesetzlichen Anforderungen) und mit „vorbildlich" enden (das Unternehmen ist Experte für diesen Nachhaltigkeits-Aspekt, er ist Teil der Unternehmensidentität.). Die Zuordnung von Bewertungsstufen und Punkten findet sich in Kap. 4. Aus den Einzelpunkten errechnet sich über alle Matrixfelder eine maximal erreichbare Punktesumme von 1.000 Punkten. Eine weitere Besonderheit bei diesem Scoring ist es, dass bei Verstößen gegen die GWÖ-Werte, z. B. bei Menschenrechtsverletzungen, Steuerflucht oder unverhältnismäßig hohe ökologische Auswirkungen durch die Geschäftstätigkeit auch Negativpunkte vergeben werden, die den Gemeinwohl-Score mindern. Im Arbeitsbuch finden sich 18 solcher Negativkriterien (Hose et al., 2021). Die Punkte pro Matrixfeld werden in eine Vorlage der Gemeinwohl-Matrix übertragen und diese grafische Aufbereitung stellt übersichtlich ein quantifizierbares Stärken/Schwächen-Profil eines Unternehmens dar. Sofern der GWÖ-Bericht und die Gemeinwohl-Punkte in der „Check-Phase" einer externen Evaluierung (Audit) unterzogen werden, entsteht aus dem Bericht und den geprüften Punkten (Testat) eine vollständige GWB.

In der „Act-Phase" werden die identifizierten Verbesserungspotenziale gewichtet und in ein Veränderungsmanagement übertragen. Unternehmen sollen alle zwei Jahre rebilanzieren, um so anhand der Punkteveränderungen im Testat den Fortschritt der nachhaltigen Organisationsentwicklung systematisch sichtbar zu machen.

Zusammenfassend bietet die GWB also einen erprobten und aktuell rechtssicheren Rahmen für eine umfassende CSR-Berichterstattung. Die GWB besitzt durch „ihre thematische Reichweite und Tiefe und ihre inhaltlichen, teils stark normativen Anforderungen das Potenzial, Unternehmen zu einer Auseinandersetzung mit sozial-ökologischen Themen anzuregen, die vorher nicht in ihrem Fokus standen. Blinde Flecken werden aufgedeckt, und zwar sowohl bei den Unternehmen, die eher am Anfang der Auseinandersetzung mit bestimmten sozial-ökologischen Themen stehen, als auch bei solchen, die schon tief eingestiegen sind" (Sommer et al., 2018: 32).

Gemeinwohl-Check

Nun kommen wir zu dem praktischen Teil des Buches, in dem Sie ein erstes Werkzeug der GWÖ auf Ihre Organisation anwenden können. Mit dem Gemeinwohl-Check (GWC) können Sie eine einfache Methode nutzen, um sich selbst und Ihre Kolleg:innen für die Themen der GWÖ zu sensibilisieren, ohne eine vollständige GWB für Ihre Organisation zu erstellen. Durch die stark simplifizierte Arbeit mit der Gemeinwohl-Matrix können Sie, idealerweise im Team, ein erstes gemeinwohl-orientiertes Stärken/Schwächen-Profil erstellen und erste Verbesserungsideen generieren. Dabei benutzen Sie die Gemeinwohl-Matrix als „Setzkasten", in dem Sie ihre aktuelle Situation bewerten. Der GWC wurde als Teil des „Transformationsleitfaden Nachhaltigkeit und Gemeinwohl" von Einsiedel und Harrach (2023) im Rahmen des vom Ministerium für Arbeit, Gesundheit und Soziales des Landes NRW und der Europäischen Union geförderten Projekts „AGIL – Akademie für Gemeinwohl im ländlichen Raum" für die Stiftung Gemeinwohl-Ökonomie NRW entwickelt. Der GWC liefert Ihnen einen handlungsbezogenen Rahmen, damit Sie Ihre Gestaltungskompetenz im Sinne der BNE entwickeln können (siehe Abb. 4.1): Erstens können Sie die Themen der GWÖ tiefergehend verstehen, da jedes Matrixfeld kurz erklärt wird. Zweitens findet durch die Selbstbewertung Ihrer Organisation ein Transfer der Inhalte in Ihren beruflichen Alltag statt und drittens werden Sie motiviert, Verbesserungsideen zu entwickeln.

© Der/die Autor(en), exklusiv lizenziert an Springer-Verlag GmbH, DE, ein Teil von Springer Nature 2023
C. Harrach, *Transformation von Unternehmen mit der Gemeinwohl-Ökonomie*, essentials, https://doi.org/10.1007/978-3-662-68546-4_4

Abb. 4.1
Gemeinwohl-Check als
Bildungsmaßnahme.
(Eigene Darstellung)

Vertiefungsmöglichkeit
Zur vertiefenden Arbeit mit dem GWC (z. B. durch Video-Inhalte) emp-
fiehlt sich der Download des gesamten Transformationsleitfadens unter:
www.agil.nrw/leitfaden

Bei der Arbeit mit dem GWC lohnt es sich, dass Sie im Sinne einer personalzentrierten Transformationsstrategie ein divers besetztes Projektteam mit den
drei wesentlichen Rollen „Change Agent:in", „Fach-Expert:in" und „Intrapre-
neur:in" aufstellen, um die nachfolgenden Themen und Aufgaben gemeinsam
zu bearbeiten.

Arbeitsblatt: Nutzen Sie für die Arbeit mit dem GWC das von Ihnen aus-
gefüllte Arbeitsblatt 3 „Transformationsteam" (Abschn. 2.2) und bearbeiten
Sie gemeinsam die nachfolgenden Abschnitte. Hier geht es zum Download
der PDF-Datei: www.harrach.com/download

Dieses Kapitel gliedert sich analog der „Do-Phase" im GWÖ-Bilanzie-
rungsprozesses in fünf Abschnitte, die den Zeilen (Berührungsgruppen) der
GWÖ-Matrix entsprechen. Sie beschäftigen sich idealerweise nacheinander mit
diesen fünf Transformationsfeldern, indem Sie die vier GWÖ-Wertekategorien
Menschenwürde, Solidarität und Gerechtigkeit, ökologische Nachhaltigkeit sowie
Transparenz und Mitentscheidung jeweils in den einzelnen Matrixfeldern systematisch einschätzen. Dazu bieten wir Ihnen eine prägnante Aussage an, zu der Sie
die aktuelle Situation in Ihrem Unternehmen mittels der GWÖ-Bewertungsstufen

Tab. 4.1 Gemeinwohl-Performance: Bewertungsstufen und Gemeinwohl-Punkte

Bewertungsstufe	Punkte	Bedeutung
Vorbildlich	7–10 Punkte	Wir sind Expert:innen für diesen Nachhaltigkeits-Aspekt, er ist Teil unserer Identität
Erfahren	4–6 Punkte	Wir haben umfassende Lösungen umgesetzt und nutzen ein Managementsystem
Fortgeschritten	2–3 Punkte	Wir haben erste Maßnahmen umgesetzt und teilweise evaluiert
Erste Schritte	1 Punkt	Wir nehmen diesen Nachhaltigkeits-Aspekt wahr und machen erste Planungen
Basislinie	0 Punkte	Wir halten nur die gesetzlichen Mindestanforderungen ein

bewerten (siehe Tab. 4.1). Diese Skala, die in ähnlicher Form auch bei einer Gemeinwohl-Bilanzierung genutzt wird, ist wie folgt aufgebaut:

Bevor Sie mit der inhaltlichen Arbeit und Ihrem Gemeinwohl-Check starten, sollten Sie das Arbeitsblatt „Stärken/Schwächen-Profil" herunterladen, in welches Sie Ihre Selbstbewertungen in die Gemeinwohl-Matrix eintragen können.

Arbeitsblatt 4 „Stärken/Schwächen-Profil"
Tragen Sie Ihre Einschätzungen in die Gemeinwohl-Matrix ein, damit ein übersichtliches Stärken/Schwächen-Profil entstehen kann. Hier geht es zum Download der PDF-Datei: www.harrach.com/download

4.1 Transformationsfeld Beschaffung

Im ersten Transformationsfeld geht es darum, wie Unternehmen die GWÖ-Werte in Beziehung zu ihren Lieferant:innen leben, wenn sie Produkte und/ oder Dienstleistungen einkaufen. Die Beschäftigung mit der Lieferkette ist ein wichtiger Aspekt für die nachhaltige Entwicklung von Unternehmen, denn zugekaufte Produkte und Dienstleistungen sind mit vielfältigen sozial-ökologischen Auswirkungen verbunden. Im Sinne einer nachhaltigen Produktion (SDG 12) tragen gemeinwohl-orientierte Einkaufsentscheidungen dazu bei, dass Unternehmen ihre Mitverantwortung für ihre Lieferkette gerecht werden. Seit 2023 sind große Unternehmen mit mehr als 3.000 Arbeitnehmer:innen durch das „Gesetz über die unternehmerischen Sorgfaltspflichten in Lieferketten" (kurz: Lieferkettengesetz) verpflichtet, die Einhaltung von Menschenrechten und Umweltschutz in ihren Lieferketten darzulegen (BMAS, 2023b). Um diese Auflagen zu erfüllen, verlangen Großunternehmen auch häufig von ihren kleinen und mittelständischen Lieferant:innen, dass diese ebenfalls Transparenz über deren Beschaffung herstellen. Die GWÖ fordert, dass Unternehmen ihre Lieferkette sowohl über ihre wesentlichen Lieferant:innen als auch über die eingekauften Produkte analysieren. Konkret geht es darum, bei wem und was beschafft wird und welche sozial-ökologischen Risiken dabei vorhanden sind. Dabei gilt: „Wie diese Mitverantwortung in der Praxis gelebt werden kann, hängt von realen Machtverhältnissen am Markt und der Entfernung in der Zulieferkette ab. Wesentlich ist es, bei zugekauften Produkten und Dienstleistungen besonders kritisch auf die Vorgänge in der Zulieferkette zu achten, wenn die Lieferungen entweder hohe wirtschaftliche Bedeutung für das Unternehmen haben oder für die eigenen Produkte wichtige bzw. risikobehaftete Bestandteile sind" (Blachfellner et al., 2017: 13). Der GWC liefert nachfolgend vier Impulse, um den aktuellen Stand des betrieblichen Einkaufsverhaltens nach der GWÖ-Bewertungsskala (siehe S. 22) einzuschätzen.

Matrixfeld A1: Menschenwürde in der Zulieferkette
Die Grundannahme der GWÖ geht mit internationalen Menschenrechtsabkommen konform, dass jeder Mensch wertvoll und schützenswert ist. In Matrixfeld A1 wird daher betrachtet, unter welchen Bedingungen die zugekauften Produkte und Dienstleistungen hergestellt wurden, ob bzw. wie die Menschenwürde in der Lieferkette sichergestellt wird und welche potenziellen Menschenrechtsverletzungen in der Beschaffung stattfinden könnten. „Transformationsziel der GWÖ ist, dass sich ein Unternehmen aktiv mit den von ihm eingekauften Produkten und Dienstleistungen auseinandersetzt und durch geeignete Maßnahmen zu positiven Auswirkungen und menschenwürdigen Bedingungen in seiner gesamten Zulieferkette beiträgt" (Einsiedel & Harrach, 2023: 18).

GWÖ-Check A1: Bitte bewerten Sie mit der GWÖ-Skala, wie Sie die aktuelle Situation in Ihrem Unternehmen bezogen auf die folgende Aussage einschätzen und tragen Sie die Punkte in das Arbeitsblatt „Gemeinwohl-orientiertes Stärken/ Schwächen-Profil" ein:

„Unsere zugekauften Produkte und Dienstleistungen werden unter menschenwürdigen Bedingungen hergestellt und wir können ausschließen, dass Menschenrechte in der Lieferkette verletzt werden."

Matrixfeld A2: Solidarität und Gerechtigkeit in der Zulieferkette
Die GWÖ sieht in der gemeinsamen Verantwortung und gegenseitigen Unterstützung von Individuen einen zentralen Wert, den es auch in Beziehungen zu Lieferant:innen zu leben gilt. Darüber hinaus fordert die GWÖ, dass Menschen sich aktiv gegenseitig solidarisch unterstützen sollten, insbesondere in Notlagen. In Matrixfeld A2 wird die Lieferkette im Hinblick auf Empathie, Wertschätzung und Chancengleichheit geprüft. Es geht konkret darum, herauszufinden, ob bzw. welche Ungerechtigkeiten bestehen, wie Verantwortung geteilt wird und wie eine Balance zwischen stark und schwach hergestellt werden kann. „Transformationsziel der GWÖ ist, dass Sie Ihre Mitverantwortung für Solidarität und Gerechtigkeit in der gesamten Zulieferkette erkennen und Ihr unternehmerisches Handeln entsprechend gestalten" (ebenda: 19).

GWÖ-Check A2: Bitte bewerten Sie mit der GWÖ-Skala, wie Sie die aktuelle Situation in Ihrem Unternehmen bezogen auf die folgende Aussage einschätzen und tragen Sie die Punkte in das Arbeitsblatt „Gemeinwohl-orientiertes Stärken/ Schwächen-Profil" ein:

„Wir pflegen faire und solidarische Geschäftsbeziehungen zu unseren direkten Lieferant:innen."

Matrixfeld A3: Ökologische Nachhaltigkeit in der Zulieferkette
In diesem Matrixfeld geht es um die Umweltauswirkungen in der Lieferkette, also um die negativen ökologischen Belastungen, die durch die beschafften Rohwaren, Produkte und Dienstleistungen in deren Produktionsprozess entstehen. Die GWÖ sieht damit die einkaufenden Unternehmen mitverantwortlich für Umweltaspekte in der gesamten Lieferkette und fordert eine systematische Reduzierung dieser Belastungen. „Transformationsziel der GWÖ ist, dass sich Ihr Unternehmen aktiv mit dem ökologischen Fußabdruck der eingekauften Produkte und Dienstleistungen auseinandersetzt und im Einkauf immer häufiger die ökologisch verträglichsten Optionen

wählt" (ebenda: 19) und auf Produkte und Dienstleistungen verzichtet, die mit sehr hohen Umweltauswirkungen einhergehen.

GWÖ-Check A3: Bitte bewerten Sie mit der GWÖ-Skala, wie Sie die aktuelle Situation in Ihrem Unternehmen bezogen auf die folgende Aussage einschätzen und tragen Sie die Punkte in das Arbeitsblatt „Gemeinwohl-orientiertes Stärken/ Schwächen-Profil" ein:

„Wir achten auf die Umweltauswirkungen in unserer Zulieferkette und kennen mögliche Umweltrisiken."

Matrixfeld A4: Transparenz und Mitentscheidung in der Zulieferkette
Für eine gelingende Beziehung mit Lieferant:innen im Sinne eines ethischen Beschaffungsmanagements ist es notwendig, dass Informationen offen geteilt werden und dass wesentliche Entscheidungen gemeinsam getroffen werden. Zur Umsetzung des GWÖ-Ideals „Betroffene zu Beteiligte machen" schafft ein transparenter Umgang miteinander für angemessene Mitbestimmungsmöglichkeiten bei den Themen, die die Lieferant:innen direkt betreffen. „Transformationsziel der GWÖ ist, dass Sie Ihre Mitverantwortung für Transparenz und gemeinsame Entscheidungsfindung in der gesamten Zulieferkette ebenso wie den Mehrwert einer solchen Haltung erkennen und Ihr unternehmerisches Handeln entsprechend gestalten" (ebenda: 21).

GWÖ-Check A4: Bitte bewerten Sie mit der GWÖ-Skala, wie Sie die aktuelle Situation in Ihrem Unternehmen bezogen auf die folgende Aussage einschätzen und tragen Sie die Punkte in das Arbeitsblatt „Gemeinwohl-orientiertes Stärken/ Schwächen-Profil" ein:

„Wir fordern und fördern einen transparenten und partizipativen Umgang aller Beteiligten entlang der Lieferkette."

4.2 Transformationsfeld Finanzen

Finanzen sind mehr als reine Mittel des Zahlungsverkehrs oder Investitionsmöglichkeiten. Aus Sicht der GWÖ sind sie wichtige Gestaltungsinstrumente für eine nachhaltige Wirtschaft. Im zweiten Transformationsfeld „Finanzen" geht es darum, wie die Eigentümer:innen und Finanzpartner:innen des Unternehmens mit dem Geld umgehen, das sie erwirtschaften. Wie diese beiden Berührungsgruppen finanziell handeln, hat einen starken Einfluss auf das Gemeinwohl. Diese ökonomischen Aspekte einer gemeinwohl-orientierten Unternehmensführung folgen dem Ziel der GWÖ, dass Gewinne zwar das Ergebnis unternehmerischen Handelns darstellen aber nicht dessen alleiniges Ziel. Es geht darum, mit einer langfristigen nachhaltigen Wertschöpfung ausreichend Finanzmittel zu generieren, um die Unternehmensentwicklung langfristig zu fördern, statt eine kurzfristige Gewinnmaximierung anzustreben. Konkret fordert die GWÖ durch eine wertorientierte Finanzpolitik eine Auseinandersetzung mit Fragen zur finanziellen Unabhängigkeit, zur Angemessenheit der Kapitalansprüchen von Eigentümer:innen, zur Ethik der Finanzpartner:innen, zu den sozial-ökologischen Auswirkungen von Investitionen und zu Eigentums- und Mitbestimmungsverhältnissen im Unternehmen. Der GWC liefert nachfolgend vier Impulse, um den Umgang mit Finanzmitteln nach der GWÖ-Bewertungsskala (siehe Kap. 4) einzuschätzen.

Matrixfeld B1: Ethische Haltung im Umgang mit Geldmitteln
In diesem Feld hinterfragt die GWÖ die Wirkungen von Finanzierungsformen und Finanzprodukten auf das Gemeinwohl und prüft mögliche Risiken. Damit das Finanzmanagement nach ethischen Grundsätzen geführt werden kann, müssen zwei Voraussetzungen erfüllt sein. Erstens bedarf es einer ausreichend hohen Eigenkapitalquote, um die notwendige Freiheit bei finanziellen Entscheidungen zu haben bzw. um vor negativen externen Einflüssen geschützt zu sein. Zweitens sollten ethische Aspekte in der Zusammenarbeit mit Finanzdienstleister:innen wie Banken und Versicherungen umgesetzt werden. Auch deren Anlagestrategie sollte mit der Perspektive der nachhaltigen Entwicklung geprüft werden, um auch hier Risiken wie z. B. Spekulationsgewinne, Gewinne aus unethischen Geschäftsfeldern wie Waffenproduktion auszuschließen. „Transformationsziel der GWÖ ist, dass sich die ethisch-nachhaltige Orientierung Ihres Unternehmens auch in Ihrer Finanzierungsstruktur abbildet" (ebenda: 23).

GWÖ-Check B1: Bitte bewerten Sie mit der GWÖ-Skala, wie Sie die aktuelle Situation in Ihrem Unternehmen bezogen auf die folgende Aussage einschätzen und tragen Sie die Punkte in das Arbeitsblatt „Gemeinwohl-orientiertes Stärken/Schwächen-Profil" ein:

„Unsere Finanzpartner:innen arbeiten nach ethisch-nachhaltigen Grundsätzen."

Matrixfeld B2: Soziale Haltung im Umgang mit Geldmitteln
In diesem Matrixfeld wird die soziale Dimension des Finanzmanagements geprüft. Dabei gilt der Grundsatz, dass die Verteilung von Finanzmitteln an alle betroffenen Personengruppen fair erfolgen sollte. Nur wenn alle einen angemessenen Anteil der Wertschöpfung erhalten, können diese auch nachhaltig wirtschaften. Im Fokus steht also die Frage, was die Eigentümer:innen mit dem Geld machen, dass sie verdienen bzw. wie dieses verteilt wird. Nachdem die Mittel fair und solidarisch an die wesentlichen Berührungsgruppen Lieferant:innen und Mitarbeiter:innen verteilt wurden, steht die Frage der Gewinnverwendung im Zentrum der gemeinwohl-orientierten Finanzpolitik. Hier gilt die Maxime, dass Gewinne primär als sogenannte „Zukunftsausgaben" für die Weiterentwicklung des Unternehmens verwendet bzw. investiert werden sollten, bevor eine Ausschüttung von Kapitalerträgen an Eigentümer:innen stattfindet. „Transformationsziel der GWÖ ist es, dass Eigentümer:innen der Weiterentwicklung ihres Unternehmens Vorrang vor eigenen Kapitalerträgen geben. Gewinnausschüttungen sollten nicht auf Kosten einer Neuverschuldung stattfinden, sondern erst, wenn die Zukunftssicherheit gewährleistet ist" (ebenda: 24).

GWÖ-Check B2: Bitte bewerten Sie mit der GWÖ-Skala, wie Sie die aktuelle Situation in Ihrem Unternehmen bezogen auf die folgende Aussage einschätzen und tragen Sie die Punkte in das Arbeitsblatt „Gemeinwohl-orientiertes Stärken/Schwächen-Profil" ein:

„Wir verteilen Geldmittel fair an relevante Anspruchsgruppen und die Weiterentwicklung des Unternehmens steht vor der Gewinnentnahme."

Matrixfeld B3: Sozial-ökologische Investitionen und Mittelverwendung
Für die nachhaltige Entwicklung müssen Investitionsentscheidungen von Unternehmen strategisch betrachtet werden, da diese langfristig wirken und maßgeblichen Einfluss auf die gesellschaftliche Infrastruktur haben. Darüber hinaus ist relevant, wie Unternehmen ihre freien Finanzmittel anlegen. In Matrixfeld B3 wirft die GWÖ einen Blick darauf, wie sich die Investitionen und Veranlagungen sozial-ökologisch auswirken. So soll die rein ertragsorientierte Zielsetzung der Investitionsrechnung durch eine umfassende Bewertung der sozial-ökologischen Auswirkungen erweitert bzw. langfristig ersetzt werden. Die zweite Perspektive dieses Matrixfeldes ist es, wie Unternehmen aktiv sozial-ökologische Projekte finanziell unterstützen können, z. B. durch Anlageentscheidungen in nachhaltige Investmentfonds. „Transformationsziel der GWÖ ist, dass Investitionsentscheidungen beständig auf mögliche sozial-ökologische Auswirkungen überprüft und überschüssige Finanzmittel mit Ausnahme einer Liquiditätsreserve in sozial-ökologische Projekte veranlagt werden." (ebenda: 25).

GWÖ-Check B3: Bitte bewerten Sie mit der GWÖ-Skala, wie Sie die aktuelle Situation in Ihrem Unternehmen bezogen auf die folgende Aussage einschätzen und tragen Sie die Punkte in das Arbeitsblatt „Gemeinwohl-orientiertes Stärken/ Schwächen-Profil" ein:

„Wir achten bei Investitionsentscheidungen darauf, unseren sozial-ökologischen Fußabdruck zu reduzieren."

Matrixfeld B4: Eigentum und Mitentscheidung
Eine gemeinwohl-orientierte Unternehmensführung betont die Wichtigkeit, Berührungsgruppen aktiv und umfassend zu informieren und Entscheidungsprozesse so zu gestalten, dass Betroffene zu Beteiligten werden, indem sie mitentscheiden können. Dieser Anspruch gilt auch für finanziellen Themen und tangiert daher auch den Aspekt der rechtlichen Mitunternehmerschaft. In Matrixfeld B4 werden daher Fragen zur Eigentümer:innenstruktur behandelt und die Entscheidungsprozesse bei Finanzthemen werden beleuchtet. „Transformationsziel der GWÖ ist es, dass Berührungsgruppen durch bestmögliche Transparenz über die unternehmerische Tätigkeit und geplante Ziele an Entscheidungen teilhaben zu lassen und als lernende Organisation gemeinsame Entscheidungsprozesse stetig weiter zu entwickeln" (ebenda 26).

GWÖ-Check B4: Bitte bewerten Sie mit der GWÖ-Skala, wie Sie die aktuelle Situation in Ihrem Unternehmen bezogen auf die folgende Aussage einschätzen und tragen Sie die Punkte in das Arbeitsblatt „Gemeinwohl-orientiertes Stärken/ Schwächen-Profil" ein:

„Wir ermöglichen Mitentscheidungen bei finanziellen Fragen durch best-mögliche Transparenz über unsere unternehmerische Tätigkeit."

4.3   Transformationsfeld Personal

Im dritten Transformationsfeld geht es um die Personen, die die Wertschöpfung von Unternehmen intern erbringen: Das sind die Mitarbeiter:innen als zentrale Ressource für den unternehmerischen Erfolg, aber auch Saisonarbeiter:innen oder „fest-freie" Beschäftigte, die regelmäßig engagiert sind. Für eine nachhaltige Organisationsentwicklung wird diese Berührungsgruppe mit einer personalzentrierten Strategie in den Fokus gerückt. Dazu muss das Personal- und Nachhaltigkeitsmanagement stärker vernetzt werden, woraus ein doppelter Nutzen für den Unternehmenserfolg entsteht. Erstens steigt die Zufriedenheit der bestehenden Belegschaft, wenn Unternehmen im Sinne der GWÖ in eine positive Unternehmenskultur investieren, einen guten Arbeits- und Gesundheitsschutz gewährleisten und sich für Diversität engagieren. Eine gesteigerte Zufriedenheit führt über eine höhere Motivation zu besseren Arbeitsergebnissen, was einen klaren ökonomischen Vorteil generiert. Dieser wird zusätzlich verstärkt, weil gemeinwohl-orientierte Unternehmen insgesamt für potenzielle Mitarbeiter:innen attraktiver sind und damit Personalgewinnungskosten eingespart werden können. Unternehmenskultur, sinnstiftende Arbeit und gesellschaftliche Beiträge sind zu wichtigen Merkmalen für die Arbeitgeber:innenwahl geworden, gerade für jüngere Menschen. Innerhalb der GWÖ werden Unternehmen auch als Orte der Bildung angesehen, in denen Mitarbeitende nachhaltiges Verhalten lernen und ausprobieren können. Im Sinne der Berufsbildung nachhaltige Entwicklung (BBNE) vermitteln GWÖ-Unternehmen Wissen, Werkzeuge und Motivationen, um sich am Arbeitsplatz und im Privatleben nachhaltiger zu verhalten. Dabei geht es um die Themen Ernährung, Mobilität oder Ressourcenschutz. Aber es findet auch politische Bildung am Arbeitsplatz statt, wenn durch die GWÖ transparente und mitbestimmungsfreundliche Strukturen geschaffen werden. Die daraus entstehenden demokratischen Organisationen schaffen nicht nur neues Wissen, sondern entwickeln und erproben auch neue Organisationsformen im Kontext der Diskussionen um „New Work".

Matrixfeld C1: Menschenwürde am Arbeitsplatz
Menschenwürdige Arbeit kann nur stattfinden, wenn die Unternehmenskultur den geeigneten organisationalen Rahmen bereitstellt. Die GWÖ zielt auf die Entwicklung einer Kultur ab, die sich an den Bedürfnissen der Mitarbeiter:innen ausrichtet und auf den Werten Respekt, Wertschätzung, Vertrauen und Toleranz basiert. Das Wohl der Belegschaft wird aktiv über ein umfassendes betriebliches Gesundheitsmanagement gefördert. Im Sinne einer positiven Fehlerkultur werden Probleme als Chancen gesehen und auf Augenhöhe gelöst. Mitarbeitende haben entsprechende Freiheiten, selbstorganisiert und eigenverantwortlich ihr betriebliches Umfeld zu gestalten, um ihre individuellen Stärken und Talente zu entwickeln. „Transformationsziel der GWÖ ist, dass Sie eine respektvolle und offene Unternehmenskultur und Kommunikation pflegen, die Gesundheit am Arbeitsplatz und die Entwicklung der Mitarbeitenden fördern, Diversität als Ressource sehen und Handlungsspielräume für Selbstorganisation schaffen" (ebenda: 28).

GWÖ-Check C1: Bitte bewerten Sie mit der GWÖ-Skala, wie Sie die aktuelle Situation in Ihrem Unternehmen bezogen auf die folgende Aussage einschätzen und tragen Sie die Punkte in das Arbeitsblatt „Gemeinwohl-orientiertes Stärken/ Schwächen-Profil" ein:

„Wir fördern systematisch Gesundheit, Arbeitsschutz und Diversität am Arbeitsplatz."

Matrixfeld C2: Ausgestaltung der Arbeitsverträge
Dieses Matrixfeld beschäftigt sich primär mit den vertraglich geregelten Arbeitskonditionen. Ein GWÖ-Unternehmen geht bei der Gestaltung der Arbeitsverträge aktiv auf die individuellen Bedürfnisse der Mitarbeiter:innen ein und verbessert diese kontinuierlich. Neben finanziellen Fragen, wie z. B. der fairen Verteilung der Gehälter zwischen dem höchsten und dem geringsten Einkommen (Gehaltsspreizung), werden auch zeitökonomische Aspekte diskutiert. Dabei geht es darum, wie selbstorganisiert und eigenverantwortlich die Mitarbeiter:innen ihre Arbeitszeit einteilen können und welche Möglichkeiten zur gesellschaftlichen Teilhabe die Mitarbeitenden aufgrund einer guten Work-Life-Balance haben. „Transformationsziel

der GWÖ ist es, hohe Individualität in der vertraglichen Ausgestaltung zu ermöglichen und die Grundlagen der Arbeitskonditionen offen mit allen Mitarbeitenden zu diskutieren." (ebenda: 29).

GWÖ-Check C2: Bitte bewerten Sie mit der GWÖ-Skala, wie Sie die aktuelle Situation in Ihrem Unternehmen bezogen auf die folgende Aussage einschätzen und tragen Sie die Punkte in das Arbeitsblatt „Gemeinwohl-orientiertes Stärken/ Schwächen-Profil" ein:

„Wir sichern allen Mitarbeitenden einen regional lebenswürdigen Verdienst und verteilen Arbeitslast und Arbeitszeit gerecht."

Matrixfeld C3: Ökologisches Verhalten der Mitarbeitenden
Unternehmen können den Arbeitsplatz als Ort der Bildung nutzen, um über Wissensvermittlung und Anreize das ökologische Mindset sowie das Verhalten der Mitarbeitenden positiv zu fördern. Neben dem, dass Erprobungsräume für nachhaltige Konsummuster z. B. in den Bereichen Ernährung, Mobilität oder Ressourcenschutz bereitgestellt werden, geben GWÖ-Unternehmen dem Thema Nachhaltigkeit einen hervorgehobenen Stellenwert in der betrieblichen Aus- und Weiterbildung. „Transformationsziel der GWÖ ist, dass Sie ökologisches Bewusstsein und Handeln Ihrer Mitarbeitenden aktiv fördern und durch Ihre Unternehmenskultur sowie interne Prozesse zu wesentlichen ökologischen Verhaltensänderungen z. B. bei Ernährung, Mobilität oder Ressourcenschonung beitragen" (ebenda: 30).

GWÖ-Check C3: Bitte bewerten Sie mit der GWÖ-Skala, wie Sie die aktuelle Situation in Ihrem Unternehmen bezogen auf die folgende Aussage einschätzen und tragen Sie die Punkte in das Arbeitsblatt „Gemeinwohl-orientiertes Stärken/ Schwächen-Profil" ein:

„Wir fördern das ökologische Bewusstsein und entsprechendes Verhalten der Mitarbeiter:innen."

Matrixfeld C4: Innerbetriebliche Mitentscheidung und Transparenz
Transparenz über die betriebliche Situation ist die wesentliche Voraussetzung dafür, damit Mitarbeiter:innen mitentscheiden können. Matrixfeld C4 thematisiert, in welchem Umfang Mitarbeitende Zugang zu allen wesentlichen Informationen erhalten dürfen und wie leicht verständlich und umfänglich diese aufbereitet sind. Neben einer transparenten Informationspolitik braucht es zur Mitentscheidung auch Kompetenzen und Strukturen, damit über partizipative Prozesse demokratische Entscheidungen in Unternehmen getroffen werden können. „Transformationsziel der GWÖ ist, dass auch kritische Informationen für alle Mitarbeitenden möglichst transparent zugänglich sind sowie Teams und einzelnen Mitarbeitenden ein hohes Maß an Mitentscheidung ermöglicht wird, z. B. auch bei der Legitimation und Evaluation von Führungskräften." (ebenda: 31).

GWÖ-Check C4: Bitte bewerten Sie mit der GWÖ-Skala, wie Sie die aktuelle Situation in Ihrem Unternehmen bezogen auf die folgende Aussage einschätzen und tragen Sie die Punkte in das Arbeitsblatt „Gemeinwohl-orientiertes Stärken/ Schwächen-Profil" ein:

„Wesentliche und kritische Daten sind für Mitarbeiter:innen transparent, leicht abrufbar und verständlich und sie können eigene Ideen und Anregungen einfach einbringen."

4.4 Transformationsfeld Marktumfeld

Das vierte Transformationsfeld beschäftigt sich mit den Beziehungen zu Kund:innen und anderen Unternehmen im gleichen Marktumfeld. Während Kund:innen die Berührungsgruppe darstellen, ohne deren Zahlungen das Unternehmen nicht existieren könnte, werden die marktbegleitenden Unternehmen nicht wie in der konventionellen betriebswirtschaftlichen Definition als Wettbewerber:innen angesehen, sondern als ergänzende Marktbegleiter:innen. Bei beiden Gruppen geht es darum, sich ihnen gegenüber offen und fair zu verhalten. Für die Kund:innen-Beziehung bedeutet das, das die angebotenen Produkte und Dienstleistungen die Bedürfnisse der Zielgruppe optimal befriedigen. Dazu werden sie als ganzheitliche Menschen und nicht als reine Geldgeber:innen angesehen. Dementsprechend ehrlich soll die Kommunikation ausgerichtet sein, ohne zu beschönigen und zu verschleiern. Dazu zählt auch, dass die sozial-ökologischen

Auswirkungen der Produkte und Dienstleistungen transparent dargestellt werden. Die GWÖ sieht auch hier die Unternehmen in der Verantwortung, Marktteilnehmer:innen aktiv bezüglich Nachhaltigkeit zu bilden. Ebenso soll der Wert der Partizipation umgesetzt werden, indem Kund:innen aktiv eingeladen werden, sich an Produktverbesserungen und Innovationen zu beteiligen. Beim Umgang mit Marktbegleiter:innen bricht die GWÖ mit der tradierten Wettbewerbslogik, indem andere Unternehmen im gleichen Marktsegment nicht als Konkurrenz angesehen werden und es demnach auch keinen „Verdrängungskampf" zu gewinnen gibt. Im Umgang mit anderen Unternehmen stehen kooperative GWÖ-Werte im Zentrum, bei denen die anderen Angebote als Ergänzungen begriffen werden. Die GWÖ fragt einerseits konkret nach gelebten Kooperationen mit diesen Unternehmen und andererseits nach dem gemeinsamen Engagement, um die sozial-ökologischen Standards der Branche zusammen zu verbessern.

Matrixfeld D1: Ethische Kund:innenbeziehungen
Zu ethischen Kund:innenbeziehungen zählt eine Produktentwicklung, die auf die Bedürfnisse der Kund:innen ausrichtet ist sowie eine Kommunikation, die Informationen über das Unternehmen und die Produkte ehrlich, nicht beschönigend und umfassend darstellt. Dazu wird in Matrixfeld D1 neben einer betrieblichen Ethik-Leitlinie auch die Barrierefreiheit für benachteiligte Gruppen gefordert. „Transformationsziel der GWÖ ist, dass Sie Kund:innenbeziehungen auf Augenhöhe pflegen, um Wohlergehen und Bedürfniserfüllung partnerschaftlich zu ermöglichen, und dass Sie Produkte und Dienstleistungen ebenso wie die Kommunikation bewusst barrierefrei gestalten" (ebenda: 33).

GWÖ-Check D1: Bitte bewerten Sie mit der GWÖ-Skala, wie Sie die aktuelle Situation in Ihrem Unternehmen bezogen auf die folgende Aussage einschätzen und tragen Sie die Punkte in das Arbeitsblatt „Gemeinwohl-orientiertes Stärken/Schwächen-Profil" ein:

„Der Kund:innennutzen steht vor unserem Umsatzstreben und wir kommunizieren unsere Angebote ehrlich und barrierefrei."

Matrixfeld D2: Kooperation und Solidarität mit Mitunternehmen
Im Matrixfeld D2 geht es mit der Perspektive der Kooperation und Solidarität um gute Beziehungen zu anderen Unternehmen, die im gleichen Marktsegment aktiv sind. Aus einer freundschaftlichen Grundhaltung auf Augenhöhe agieren

GWÖ-Unternehmen kooperativ im Markt mit dem Ziel, gemeinsam bessere sozial-ökologische Branchenstandards zu entwickeln. Solidarität mit Mitunternehmen zeigt sich in uneigennütziger Unterstützung in schwierigen Situationen, z. B. dass bei wirtschaftlichen Herausforderungen finanzielle oder strukturelle Hilfe angeboten wird, ohne dafür eine Gegenleistung zu verlangen. „Transformationsziel der GWÖ ist, dass Sie die Mitbewerber:innen als Ergänzung am Markt ansehen und gemeinsam mit anderen Unternehmen an Lösungen und Angeboten arbeiten, die die Bedürfnisse der Kund:innen erkennen und bedienen und gleichzeitig sozial-ökologische Standards erhöhen." (ebenda: 34).

GWÖ-Check D2: Bitte bewerten Sie mit der GWÖ-Skala, wie Sie die aktuelle Situation in Ihrem Unternehmen bezogen auf die folgende Aussage einschätzen und tragen Sie die Punkte in das Arbeitsblatt „Gemeinwohl-orientiertes Stärken/ Schwächen-Profil" ein:

„Wir nehmen gegenüber Mitunternehmen eine wertschätzende Grundhaltung auf Augenhöhe ein und kooperieren mit diesen."

Matrixfeld D3: Ökologische Auswirkung der Produkte und Dienstleistungen
Die Nutzung und Entsorgung von Produkten ist mit ökologischem Aufwand verbunden, den es zu minimieren gilt. Matrixfeld D3 behandelt die Auswirkungen, die durch Kund:innen von der Nutzungsphase (z. B. Energieverbrauch, Emissionen etc.) bis zur Entsorgung entstehen (z. B. Sondermüll). Produkte und Dienstleistungen sollten konsistent, effizient oder suffizient gestaltet sein. Konsistenz beschreibt ein Produktdesign, dass sich in natürliche Kreisläufe einfügt, z. B. durch kompostierbare Materialien. Effizientes Design meint ein günstiges Verhältnis von Bedürfnisbefriedigung zu ökologischen Auswirkungen, z. B. weniger CO_2-Ausstoß in der Elektromobilität. Suffizienz ist ein Ansatz, mit weniger Konsum eine ähnliche Bedürfnisbefriedigung zu erzielen, z. B. durch Reparatur anstelle von Neukauf. „Transformationsziel der GWÖ ist, dass Sie die ökologischen Auswirkungen möglichst genau kennen und diese aktiv minimieren. Dazu zählt, dass Sie Produkte und Dienstleistungen anbieten, deren ökologische Auswirkungen geringer sind als bestehende Alternativen." (ebenda: 35).

GWÖ-Check D3: Bitte bewerten Sie mit der GWÖ-Skala, wie Sie die aktuelle Situation in Ihrem Unternehmen bezogen auf die folgende Aussage einschätzen und tragen Sie die Punkte in das Arbeitsblatt „Gemeinwohl-orientiertes Stärken/ Schwächen-Profil" ein:

„Wir kennen und reduzieren die ökologischen Auswirkungen, die bei der Nutzung und Entsorgung unserer Produkte und Dienstleistungen entstehen."

Matrixfeld D4: Kund:innenmitwirkung und Produkttransparenz
Kund:innen werden nicht nur als Umsatzbringer:innen sondern auch als Impulsgeber:innen verstanden. Matrixfeld D4 thematisiert die Haltung und die Praktiken von Unternehmen, wie sich diese Personengruppe aktiv in die Entwicklung des Unternehmens und seiner Angebote einbringen kann, mit einem Fokus auf sozialökologische Verbesserungen. Daneben geht es auch darum, wie umfänglich ein Unternehmen seine Kund:innen über die Wertschöpfungskette informiert. Neben klassischen Informationen zu Produktbestandteilen und Inhaltsstoffen werden auch Informationen über die Kostenverteilung offengelegt. „Transformationsziel der GWÖ ist, dass Sie umfassende Produkttransparenz und Rückverfolgbarkeit in der Zulieferkette schaffen, Ihre Kund:innen bei der Produktentwicklung mit einbinden und den direkten Dialog nutzen, um Produkte und Dienstleistungen nachhaltiger zu machen" (ebenda: 36).

GWÖ-Check D4: Bitte bewerten Sie mit der GWÖ-Skala, wie Sie die aktuelle Situation in Ihrem Unternehmen bezogen auf die folgende Aussage einschätzen und tragen Sie die Punkte in das Arbeitsblatt „Gemeinwohl-orientiertes Stärken/ Schwächen-Profil" ein:

„Wir beziehen unsere Kund:innen bei der Produktentwicklung mit ein, speziell für die Entwicklung nachhaltiger Produkte und Dienstleistungen."

4.5 Transformationsfeld Gesellschaft

Das letzte Themenfeld „Gesellschaft" umfasst die Beziehungen zu Gruppen, die nur mittelbar von den Auswirkungen des unternehmerischen Handelns betroffen sind. Als Besonderheit schließt die GWÖ in diesem Bereich auch die nachfolgenden Generationen im Einklang mit der Brundtland Definition sowie die Natur mit ihren planetaren Grenzen in die Betrachtung ein. Es geht einerseits um die Frage, welchen Beitrag Unternehmen mit ihren Produkten und Dienstleistungen zur Lösung der sozial-ökologischen Herausforderungen sowie zum menschlichen Wohlergehen leisten. Andererseits wird betrachtet, wie unternehmerisches Handeln das Gemeinwesen als solches fördert. Die GWÖ versteht darunter einen gesellschaftlichen Raum bestehend aus staatlichen und zivilgesellschaftlichen Einrichtungen, die wichtige Grundlagen für unternehmerisches Handeln zur Verfügung stellen. Das Gemeinwesen ist darauf angewiesen, dass Unternehmen angemessene Beiträge, z. B. in Form von Steuern, Abgaben und freiwilligen Leistungen, zur Erhaltung und Weiterentwicklung dieser Strukturen leisten. Bei der ökologischen Dimension bezogen auf die Gesellschaft geht es um einen vorausschauenden betrieblichen Umweltschutz, der Prozesse, Produkte und Dienstleistungen konsistenter oder effizienter gestaltet, um damit die Risiken für Mensch und Umwelt zu verringern. Ein weiterer wesentlicher Aspekt für den Umgang mit weiteren gesellschaftlichen Gruppen wie Anrainer:innen oder Umweltverbänden ist eine transparente und dialogorientierte Öffentlichkeitsarbeit, die auf Einwände oder Beschwerden zu betrieblichen Maßnahmen angemessen reagiert.

Matrixfeld E1: Sinn und gesellschaftliche Wirkung
In diesem Matrixfeld werden die normativen Anforderungen der GWÖ an Unternehmen besonders deutlich. Analog zum „Business Sustainability 3.0"-Ansatz sollen Unternehmen aktiv Lösungen für die sozial-ökologischen Herausforderungen der 17 Nachhaltigkeitsziele der Vereinten Nationen entwickeln und ausschließlich Produkte und Dienstleistungen herstellen und vertreiben, die einen aktiven Beitrag zum Gemeinwohl leisten. Solche Wertangebote fördern die physische und psychische Gesundheit eines einfachen (suffizienten) Lebens und werden sozial-verträglich und ökologisch hergestellt. „Transformationsziel der GWÖ ist, dass Sie mit Ihren Produkten und Dienstleistungen Beiträge für das gute Leben für alle leisten. Dazu gehört, dass diese zur Erfüllung von Grundbedürfnissen möglichst vieler Menschen beitragen, auch für benachteiligte soziale Gruppen. Ebenso, dass Sie Angebote mit sozialen, ökologischen und gesundheitlichen Risiken reduzieren und perspektivisch darauf verzichten" (ebenda: 38).

GWÖ-Check E1: Bitte bewerten Sie mit der GWÖ-Skala, wie Sie die aktuelle Situation in Ihrem Unternehmen bezogen auf die folgende Aussage einschätzen und tragen Sie die Punkte in das Arbeitsblatt „Gemeinwohl-orientiertes Stärken/ Schwächen-Profil" ein:

„Unsere Produkte und Dienstleistungen dienen dem persönlichen Wachstum der Menschen und/oder der Regeneration der Erde."

Matrixfeld E2: Beitrag zum Gemeinwesen
Das Gemeinwesen besteht aus staatlichen und zivilgesellschaftlichen Einrichtungen und stellt die Infrastrukturen für unternehmerisches Handeln bereit. Unter dem Blickwinkel von Solidarität und Gerechtigkeit geht es im Matrixfeld E2 darum, ob ein Unternehmen entsprechend seiner Wertschöpfung angemessene Beiträge leistet, z. B. in Form von Steuern, Abgaben und freiwilligen Leistungen, um diese gesellschaftlichen Strukturen zu erhalten und weiter zu entwickeln. Dazu zählt auch, dass Korruption und illegitime Steuervermeidung durch entsprechende Governance-Regelungen verhindert werden. „Transformationsziel der GWÖ ist, dass Sie über Steuern und Abgaben einen angemessenen Beitrag zum Gemeinwesen leisten und Förderungen nur in dem Ausmaß nutzen, als diese der Entwicklung des Unternehmens bzw. der Wertschöpfung in Ihrer Region dienen. Weiterhin geht es darum, dass Sie Ihre Fähigkeiten und Ressourcen einsetzen, um zivilgesellschaftliche Initiativen zu stärken." (ebenda: 39).

GWÖ-Check E2: Bitte bewerten Sie mit der GWÖ-Skala, wie Sie die aktuelle Situation in Ihrem Unternehmen bezogen auf die folgende Aussage einschätzen und tragen Sie die Punkte in das Arbeitsblatt „Gemeinwohl-orientiertes Stärken/ Schwächen-Profil" ein:

„Wir leisten durch Abgaben einen angemessenen Beitrag zum Gemeinwesen und fördern freiwillig zivilgesellschaftliche Einrichtungen."

Matrixfeld E3: Reduktion ökologischer Auswirkungen
Unternehmen verursachen durch ihre betrieblichen Prozesse ökologische Belastungen wie z. B. Ausstoß von klimaschädlichen Gasen, Verbrauch von Wasser und

Nutzung von Chemikalien. Dieser ökologische Fußabdruck soll durch die Anwendung von Umweltmanagementsystemen kontinuierlich verkleinert werden, um die Risiken für Mensch und Umwelt zu verringern. „Transformationsziel der GWÖ ist, dass Sie sich aktiv mit den ökologischen Auswirkungen Ihrer unternehmerischen Tätigkeit auseinandersetzen, negative ökologische Folgen kontinuierlich reduzieren und Ihre Prozesse schadstoffarm, ressourcenschonend und sparsam gestalten" (ebenda: 40).

GWÖ-Check E3: Bitte bewerten Sie mit der GWÖ-Skala, wie Sie die aktuelle Situation in Ihrem Unternehmen bezogen auf die folgende Aussage einschätzen und tragen Sie die Punkte in das Arbeitsblatt „Gemeinwohl-orientiertes Stärken/ Schwächen-Profil" ein:

„Wir kennen die ökologischen Auswirkungen unserer betrieblichen Prozesse und verringern die negativen Belastungen kontinuierlich."

Matrixfeld E4: Transparenz und gesellschaftliche Mitentscheidung
In diesem Feld geht es darum, wie transparent Unternehmen über Themen informieren, die das allgemeine gesellschaftliche Interesse berühren. Eine solche gemeinwohl-orientierte Öffentlichkeitsarbeit fördert das Miteinander in einer aufgeklärten, demokratischen, offenen und pluralistischen Gesellschaft. Sie stärkt die Mitwirkungsmöglichkeiten von betroffenen Personengruppen, wie z. B. Anrainer:innen, Gebietskörperschaften oder Non-Profit-Organisationen, indem sie aktiv Dialogangebote unterbreitet, Einwände gegen unternehmerisches Handeln zulässt und umfänglich Auskunft über solche Geschehnisse gibt. „Transformationsziel der GWÖ ist, dass Sie aktiv Transparenz über das Handeln Ihrer Organisation und jene Vorkommnisse herstellen, die von legitimem Interesse für die Öffentlichkeit sind, und dass Sie bei unternehmerischen Entscheidungen dafür sorgen, dass Interessen aller hierbei relevanten Berührungsgruppen angemessen berücksichtigt werden." (ebenda: 41).

GWÖ-Check E4: Bitte bewerten Sie mit der GWÖ-Skala, wie Sie die aktuelle Situation in Ihrem Unternehmen bezogen auf die folgende Aussage einschätzen und tragen Sie die Punkte in das Arbeitsblatt „Gemeinwohl-orientiertes Stärken/ Schwächen-Profil" ein:

„Wir machen die Wirkungen unseres unternehmerischen Handelns sichtbar
und ermöglichen Mitbestimmung für gesellschaftliche Berührungsgruppen."

4.6   Synthese und Transformationsideen

In diesem abschließenden Teil des GWÖ-Checks geht es nun darum, eine Synthese aus den bisherigen Erkenntnissen zu ziehen und erste Veränderungsideen zu entwickeln.

Synthese
Nachdem Sie Ihr Stärken/Schwächen-Profil in der GWÖ-Matrix als Ist-Analyse umfänglich sichtbar gemacht haben, sollten Sie nun eine Synthese vornehmen, um die wichtigsten Transformationsthemen zu identifizieren. In welchen Matrixfeldern handeln Sie schon gut im Sine des Gemeinwohls bzw. wo sehen Sie noch besonderen Entwicklungsbedarf nach den Kriterien der GWÖ? Identifizieren Sie im ersten Schritt die drei für Sie wichtigsten Stärken und Schwächen, um anschließend Verbesserungsideen zu entwickeln.

Arbeitsblatt 5 „Synthese Stärken/Schwächen-Profil"
Nutzen Sie dazu Arbeitsblatt 5. Hier geht es zum Download der PDF-Datei:
www.harrach.com/download

Mit dieser Synthese können Sie den nächsten Schritt gehen:

Entwicklung von Transformationsideen
Im Sinne von Erich Kästners Zitat „Es gibt nichts Gutes, außer man tut es." sollten Sie nicht bei der Analyse stehen bleiben, sondern Ideen in Ihrem Transformationsteam entwickeln, wie Sie sich bezüglich Nachhaltigkeit verbessern können. Dazu können Sie die ausgewählten Schwächen betrachten und die Frage diskutieren, ob bzw. wie Ihr Unternehmen in diesen Matrixfeldern Fortschritt erzielen könnte. Dazu sollten Sie beschreiben, warum das Thema überhaupt eine organisationale Schwäche darstellt bzw. warum es verbessert werden sollte. Setzen Sie sich auch konkrete und machbare Ziele bei der Ausarbeitung der Ideen und beschreiben Sie kurz, was

Sie tun wollen, um diese Ziele zu erreichen. Arbeiten Sie aus, welche anderen Personen Sie zur Umsetzung der Idee ansprechen und beteiligen sollten. Um die Wirksamkeit der Maßnahme sichtbar zu machen, sollten Sie einen Bezug zu den Nachhaltigkeitszielen (SDGs) der Vereinten Nationen und zur GWÖ Matrix herstellen. Ebenso ist es für die erfolgreiche Ideenbeschreibung wichtig, die interne Umsetzungswahrscheinlichkeit abzuschätzen. Wenn Sie diese Machbarkeit mit der gesellschaftlichen Wirkung in Beziehung setzen, erhalten Sie eine Einschätzung, wie sinnvoll die Umsetzung der Idee ist. Um diese einzelnen Aspekte zur Beschreibung einer gemeinwohl-orientierten Umsetzungsidee zu berücksichtigen, bietet der „Transformationsleitfaden Nachhaltigkeit und Gemeinwohl" eine Vorlage, mit der Sie alle Themen übersichtlich auf einer Seite darstellen können.

Arbeitsblatt 6 „Projektskizze"
Nutzen Sie Arbeitsblatt 6, um ihre Transformationsideen zu dokumentieren. Hier geht es zum Download der PDF-Datei: www.harrach.com/download

Fazit und Danksagung

Mit diesem *essential* wurde das Thema betriebliches Nachhaltigkeits-/CSR-Management am Beispiel der alternativ-ökonomischen Ansätze der Gemeinwohl-Ökonomie praxisnah und nach den Richtlinien der Berufsbildung Nachhaltige Entwicklung (BBNE) aufbereitet. Durch die Lektüre soll relevantes Wissen über Grundbegriffe, Konzepte und Entwicklungen im Bereich der gemeinwohlorientierten Unternehmensführung vermittelt werden. Dabei liegt ein Schwerpunkt auf einer personalzentrierten Transformationsstrategie, die den Mitarbeiter:innen eine besondere Rolle zuschreibt. Dieser partizipative Ansatz entspricht auch den Grundwerten der zivilgesellschaftlichen Bewegung der Gemeinwohl-Ökonomie (GWÖ), deren Perspektiven durch diese Publikation dargestellt wurden. Vertiefend wurde das Analyseraster „Gemeinwohl-Matrix" vorgestellt und dessen Anwendung als Instrument der nicht-finanziellen Berichterstattung in Form der „Gemeinwohl-Bilanz" erläutert. Da es den Rahmen dieser Publikation gesprengt hätte, dieses Verfahren und dessen Umsetzung vollständig darzulegen, wurde der simplifizierte „Gemeinwohl-Check" vorgestellt. Mit diesem Einstiegswerkzeug in die GWÖ können Leser:innen tiefer in die GWÖ-Matrix eintauchen und sie durch eine vereinfachte Systematik direkt für ihren beruflichen Alltag anwenden. Dazu wurden verschiedene Arbeitsblätter für die praktische Nutzung per Download angeboten. Im Ergebnis der Arbeit mit dem GWÖ-Check kann ein erstes unternehmensspezifisches Stärken/Schwächen-Profil nach dem Raster der GWÖ entstehen. Dieses kann dann wiederum die Ausgangsbasis für Verbesserungsideen zur Optimierung der Gemeinwohl-Orientierung von Unternehmen darstellen. Um diese Transformationspotenziale und deren Wirkung systematisch

C. Harrach, *Transformation von Unternehmen mit der Gemeinwohl-Ökonomie*, essentials, https://doi.org/10.1007/978-3-662-68546-4_5

zu erfassen, gab es abschließend ein Angebot, die Ideen in Form von Projekt-
skizzen zu dokumentieren, als Grundlage für die tatsächliche Umsetzung im
Unternehmen. Das *essential* regt die Leser:innen auch an, sich im Unternehmen
als Transformationsteam aufzustellen und zu vernetzen, um das Empowerment
und die Motivation der Einzelnen für eine Umsetzung zu fördern. Als Autor
hoffe ich, dass der Inhalt möglichst viele Menschen inspiriert, sich stärker für
die nachhaltige Entwicklung am Arbeitsplatz zu engagieren. Mögen die vorge-
stellten Werkzeuge eine praktische Anwendung finden und ein echter Beitrag zur
gemeinwohl-orientierten Transformation von Unternehmen entstehen.

Abschließend möchte ich den vielen haupt- und ehrenamtlichen Mitgliedern
der GWÖ Wertschätzung und Dank aussprechen, denn ohne deren langjähriges
Engagement wäre die Relevanz der GWÖ heute nicht so groß, damit ein solches
Buch entstehen kann. Darüber hinaus möchte ich mich auch bei meinen Kol-
leg:innen in der Stiftung Gemeinwohl-Ökonomie NRW bedanken. Insbesondere
die vertrauensvolle Zusammenarbeit der letzten Jahre mit meinem Weggefähr-
ten Christian Einsiedel hat wesentliche Grundlagen für diese Publikation gelegt.
Ein letzter Dank geht an meine Frau Kathrin und meine beiden Kinder Luna
und Milan, die mir im Alltag den Rücken immer wieder freihalten und mich
motivieren, mich für die Zukunft auf unserem einzigartigen Planeten einzusetzen.

Was Sie aus diesem *essential* mitnehmen können

- Die nachhaltige Entwicklung ist eine komplexe, globale und dringliche Herausforderung, bei der Unternehmen eine wesentliche Rolle spielen
- Um Nachhaltigkeit im Geschäftsmodell strategisch zu verankern, braucht es Beiträge zum ökonomischen Erfolg, Managementwerkzeuge und eine Transformationsstrategie
- Mitarbeiter:innen spielen bei der Umsetzung eine zentrale Rolle. Sie brauchen entsprechende Kompetenzen, Motivationen und die Legitimation, sich dafür engagieren zu dürfen
- Die Gemeinwohl-Ökonomie (GWÖ) bietet mit der Gemeinwohl-Matrix und der Gemeinwohl-Bilanz erprobte Instrumente, um die betriebliche Nachhaltigkeit systematisch zu bewerten, darzustellen und zu fördern
- Mit dem Gemeinwohl-Check können Mitarbeiter:innen im Unternehmen für die Ansätze der GWÖ sensibilisieren und ein erstes Stärken/Schwächen-Profil sowie erste Verbesserungsideen entwickeln

Literatur

Appelbaum, E., Bailey, T., Berg, P., & Kalleberg, A. (2000). *Manufacturing advantage: Why highperformance work systems pay off.* Cornell University Press.

Berger, K., Degen, U., Elsner, M., & Härtel, M., (2007). Zukunft berufliche Bildung. Berufsbildung für Wissenschaft und Praxis 36. Jahrgang (4).

Blachfellner, M., Drosg-Plöckinger, A., Fieber, S., Hofielen, G., Knakrügge,L., Kofranek, M., Koloo, S., Loy, C., Rüther, C., Sennes, D., Sörgel, R., Teriete, M. (2017). Arbeitsbuch zur Gemeinwohl-Bilanz 5.0. Koloo Publishing. Wien. https://web.ecogood.org/media/filer_public/73/da/73dab961-6125-4f69-bf7a-3c8613a90739/gwoe_arbeitsbuch_5_0_vollbilanz.pdf. Zugegriffen: 27. Juli 2023.

BMAS, Bundesministerium für Arbeit und Soziales. (2010). Nationale Strategie zur gesellschaftlichen Verantwortung von Unternehmen (Corporate Social Responsibility – CSR) – Aktionsplan CSR. Erschienen: 6.10.2010. Berlin.

BMAS, Bundesministerium für Arbeit und Soziales. (2023a). CSR Praxis. Standards. https://www.csr-in-deutschland.de/DE/CSR-Allgemein/CSR-in-der-Praxis/CSR-Berichterstattung/Standards/standards.html. Zugegriffen: 31. Juli. 2023.

BMAS, Bundesministerium für Arbeit und Soziales. (2023b). Gesetz über die unternehmerischen Sorgfaltspflichten in Lieferketten. https://www.bmas.de/DE/Service/Gesetze-und-Gesetzesvorhaben/Gesetz-Unternehmerische-Sorgfaltspflichten-Lieferketten/gesetz-unternehmerische-sorgfaltspflichten-lieferketten.html. Zugegriffen: 26. Aug. 2023.

Brockhoff, D., Engelhardt, G., Yabroudi, H., Karg, L., Aschenbrenner, A., & Felber, C. (2020). Publizitätspflicht zur Nachhaltigkeit. Institute for Advanced Sustainability Studies e. V: Entwicklung eines Anforderungskatalogs für einen universellen Standard (PuNa-Studie).

Brundtland, G. H. (1987). Our common future. Call for action. *Environmental Conservation, 14*(4), 291–294.

Bruns, K. (2023). Die Gemeinwohl-Bilanz–Baustein für die Mitgestaltung der Großen Transformation? In *Gemeinwohlorientiert, ökologisch, sozial: Aushandlungen um alternative Wirtschaftspraktiken in der Zivilgesellschaft* (S. 25–58). Springer Fachmedien.

Buerke, A., Weinrich, K., & Kirchgeorg, M. (2013). Wenn Werte entscheiden. Ein Ansatz zur Identifizierung von Nachhaltigkeitstalenten im Employer Branding auf Basis persönlicher Werte. *Die Unternehmung, 67*(2), 194–217.

Buhr, M. (2015). Change Agents für unternehmerische Nachhaltigkeit-Individuen als Gestalter/-innen nachhaltiger Veränderungsprozesse in Unternehmen. *CSM-Impulse, 1,* 4–5.

Carlowitz, H. C. (1713). *Sylvicultura oeconomica, oder haußwirthliche Nachricht und Naturmäßige Anweisung zur Wilden Baum-Zucht. Neuauflage 2013.* von J. Hamberger (Hrsg.). Oekom-Verlag.

Clark, G. (2007). Evolution of the global sustainable consumption and production policy and the United Nations Environment Programme's (UNEP) supporting activities. *Journal of cleaner production, 15*(6), 492–498.

Carroll, A. B. (1999). Corporate social responsibility evolution of a definitional construct. *Business & society, 38*(3), 268–295.

Deinert, S. (2019). Gutachten zur Gemeinwohl-Ökonomie. https://web.ecogood.org/media/filer_public/ff/d6/ffd61a49-997c-4a9a-8a59-7992b4578f9b/gw-bilanz-5-0-csr-rug-gutachten-stefanie-deinert.pdf. Zugegriffen: 5. Aug. 2023.

Drucker, P. F. (1984). Converting social problems into business opportunities: The new meaning of corporate social responsibility. *California management review, 26*(2), 53–63.

Dujmovits, R., & Sturn, R. (2020). Gemeinwohl, Gemeingüter und Wohlfahrt. *Praktische Wirtschaftsphilosophie,* (S. 1–17). Springer.

Dyllick, T., & Muff, K. (2016). Clarifying the meaning of sustainable business: Introducing a typology from business-as-usual to true business sustainability. *Organization & Environment, 29*(2), 156–174.

Einsiedel, C., & Harrach, C. (2021). Nachhaltige Organisationsentwicklung mit der Gemeinwohl-Bilanz. https://stiftung-gemeinwohloekonomie.nrw/gemeinwohlregionkreis-hoexter/projekt/. Zugegriffen: 15. Sept. 2023.

Einsiedel, C., & Harrach, C. (2023). Transformations-Leitfaden Nachhaltigkeit & Gemeinwohl für kleine und mittlere Unternehmen und ihre Berater:Innen. https://agil.nrw/leitfaden. Zugegriffen: 3. Sept. 2023.

Elkington, J. (1994). Towards the sustainable corporation: Win-win-win business strategies for sustainable development. *California Management Review, 36*(2), 90–100.

EWSA. (2015). Stellungnahme des Europäischen Wirtschafts- und Sozialausschusses zum Thema: Die Gemeinwohl-Ökonomie: Ein nachhaltiges Wirtschaftsmodell für den sozialen Zusammenhalt. ECO/378. Brüssel.

Fahr, R., & Foit, D. (2016). Verantwortung macht Sinn: Corporate social responsibility. *Personnel Quarterly, 4,* 20–27.

Felber, C. (2018). *Die Gemeinwohl-Ökonomie: Ein Wirtschaftsmodell mit Zukunft.* Paul Zsolnay Verlag.

Freeman, R. E. (1999). Divergent stakeholder theory. *Academy of management review, 24*(2), 233–236.

Fricke, V. (2015). *CSR-Kommunikation für Konsumentenverantwortung. Chancen und Risiken für einen nachhaltigen Konsum.* Metroplis Verlag.

Friedman M. (2007). The social responsibility of business is to increase its profits. In *Corporate ethics and corporate governance,* (S. 173–178). Springer.

Gemeinwohl-Ökonomie Deutschland e. V. (2023a). Mission und Geschichte. https://germany.ecogood.org/vision/mission-geschichte/. Zugegriffen: 31. Juli 2023.

Gemeinwohl-Ökonomie Deutschland e. V. (2023b). Arbeitsgruppen und Akteur*innen-Kreise. https://germany.ecogood.org/ueber-uns/arbeitsgruppen-und-akteurinnen-kreise/. Zugegriffen: 27. Juli 2023.

Gemeinwohl-Ökonomie Deutschland e. V. (2023c). Bilanzierte Unternehmen und Organisationen. https://germany.ecogood.org/tools/gemeinwohl-berichte/. Zugegriffen: 3. Aug. 2023.

Global Footprint Network. (2022). Earth Overshhot Day. https://www.overshootday.org/. Zugegriffen: 31. Juli 2023.

Harrach, C. (2021). Psychologisches Nachhaltigkeitsempowerment von Mitarbeiter* innen am Arbeitsplatz. Dissertation, Technische Universität Berlin.

Harrach, C., Schrader, U., Stanszus, L., & Muster, V. (2014). Nachhaltige Werte am Arbeitsplatz lohnen sich. *Ökologisches Wirtschaften, 1*(2014), 12–13.

Harrach, C., Schrader, U., & Buhl, A. (2019). Design thinking for sustainability: Mit Design Thinking Nachhaltigkeitsempowerment von Mitarbeiter(inne)n am Arbeitsplatz fördern. In Becke, G. (Hrsg.), Gute Arbeit und ökologische Innovationen. Perspektive nachhaltiger Arbeit in Unternehmen und Wertschöpfungsketten. Oekom.

Harrach, C., Geiger, S., & Schrader, U. (2020). Sustainability empowerment in the workplace: Determinants and effects. *Sustainability Management Forum, 28,* 93–107.

Hofielen, G., & Kasper, M. (2022). Der Berichtsrahmen der Gemeinwohl-Ökonomie: Transformationsbrücke in die Zukunft. *CSR und Nachhaltigkeitsstandards: Normung und Standards im Nachhaltigkeitskontext* (S. 157–172). Springer.

Hose, C., Mock, M., & Obermeier, T. (2021). Nachhaltige Berichterstattung gemäß des Deutschen Nachhaltigkeitskodex und der Gemeinwohlmatrix. Arbeitspapiere der FOM. Nr. 81, ISBN 978-3-89275-223-3. MA Akademie Verlags- und Druck- Gesellschaft mbH.

Kasper, M. (2023). Gemeinwohl-Ökonomie und die Sustainable Development Goals (SDGs). In *Gemeinwohlorientiert, ökologisch, sozial: Aushandlungen um alternative Wirtschaftspraktiken in der Zivilgesellschaft* (S. 3–24). Springer Fachmedien.

Kirchgeorg, M. (2004). *Talents for Sustainability. Management mit Vision und Verantwortung* (S. 645–663). Springer.

Köhne, R. (2020). *Alternative Wirtschaftsformen. Praktische Wirtschaftsphilosophie* (S. 1–15).

Kramer, M. R., & Porter, M. (2011). Creating shared value. *Harvard business review, 89*(1/2), 62–77.

Lamm, E., Tosti-Kharas, J., & King, C. E. (2015). Empowering employee sustainability: Perceived organizational support toward the environment. *Journal of Business Ethics, 128*(1), 207–220.

Lee, M. D. P. (2008). A review of the theories of corporate social responsibility: Its evolutionary path and the road ahead. *International journal of management reviews, 10*(1), 53–73.

Meynhardt, T., & Fröhlich, A. (2017). Die Gemeinwohl-Bilanz – Wichtige Anstöße, aber im Legitimationsdefizit. *Zeitschrift für öffentliche und gemeinwirtschaftliche Unternehmen, 40*(2–3), 152–176.

Meynhardt, T., Jasinenko, A., & Grubert, T. (2019). Die Gemeinwohl-Bilanz auf dem Prüfstand der Bevölkerung. Empirische Überprüfung der demokratischen Legitimation der Gemeinwohl-Bilanz. *zfwu Zeitschrift für Wirtschafts-und Unternehmensethik, 20*(3), 406–426.

Mischkowski, N. S., Funcke, S., Kress-Ludwig, M., & Stumpf, K. H. (2018). Die Gemeinwohl Bilanz – Ein Instrument zur Bindung und Gewinnung von Mitarbeitenden und

Kund*innen in kleinen und mittleren Unternehmen? *Nachhaltigkeits Management Forum, 26*(14), 123–131.

Pinchot, G., & Pinchot, E. (1978). *Intra-Corporate Entrepreneurship*. Tarrytown School for Entrepreneurs.

Pfeiffer, M. (2021). Intrapreneurship: Intrapreneurship als Innovationsansatz – das Kickbox-Modell im Praxiseinsatz. In *Digitales Management und Marketing: So nutzen Unternehmen die Marktchancen der Digitalisierung* (S. 127–145). Springer.

Rockström, J., W., Steffen, K., Noone, Å., Persson, F. S., Chapin, III, E., Lambin, T. M., Lenton, M., Scheffer, C., Folke, H., Schellnhuber, B,. Nykvist, C. A., De Wit, T., Hughes, S., van der Leeuw, H., Rodhe, S., Sörlin, P. K., Snyder, R., Costanza, U., Svedin, M., Falkenmark, L., Karlberg, R. W., Corell, V. J., Fabry, J., Hansen, B., Walker, D., Liverman, K., Richardson, P., Crutzen, J., & Foley., J. (2009). Planetary boundaries: Exploring the save operating space for humanity. *Ecology and Society, 14*(2), 32.

Schaltegger, S., Lüdeke-Freund, F., & Hansen, E. G. (2012). Business cases for sustainability: The role of business model innovation for corporate sustainability. *International journal of innovation and sustainable development, 6*(2), 95–119.

Schneidewind, U., Pfriem, R., Barth, J., Graupe, S., & Korbun, T. (2017). *Transformative Wirtschaftswissenschaft im Kontext nachhaltiger Entwicklung*. Metropolis-Verlag.

Schrader, U., & Harrach, C. (2013). Empowering responsible consumers to be sustainable intrapreneurs. In *Enabling responsible living* (S. 181–192). Springer.

Sommer, B. Heidbrink, L., Kny, J., Köhne, K., Stumpf, K., Welzer, H., & Wiefek, J. (2018). Gemeinwohl-Ökonomie im Vergleich unternehmerischer Nachhaltigkeitsstrategien (GIVUN). Schlussbericht für das Verbundprojekt, Flensburg, Kiel. https://www.uni-flensburg.de/fileadmin/content/zentren/nec/dokumente/downloads/givun-schlussbericht.pdf. Zugegriffen: 2. Sept. 2023.

Stiftung Gemeinwohl-Ökonomie NRW. (2022). Forderungen für eine neue Art des Wirtschaftens. https://stiftung-gemeinwohloekonomie.nrw/landtagswahl2022/. Zugegriffen: 3. Aug. 2023.

Stockholm Resilience Centre. (2016). The SDGs wedding cake. https://www.stockholmresilience.org/research/research-news/2016-06-14-the-sdgs-wedding-cake.html. Zugegrffen: 23. Okt. 2023.

Stöhr, J., & Herzig, C. (2021). Verantwortungsbewusste Unternehmensführung am Beispiel der Gemeinwohl-Ökonomie mithilfe von Service Learning und Transdisziplinarität lehren. In *CSR und Hochschullehre: Transdisziplinäre und innovative Konzepte und Fallbeispiele* (S. 141–183). Springer.

Sutter, G-S. (2015). *CSR und Human Ressource Management. In Corporate Social Responsibility* (S. 647–665). Springer.

Ulrich, P. (2019). Ethik, Politik und Ökonomie des Gemeinwohls. Praktisch-philosophische Aspekte tragfähiger› Gemeinwohl-Ökonomie‹. *zfwu Zeitschrift für Wirtschafts-und Unternehmensethik, 20*(3), 296–319.

Vereinte Nationen. (2015). Transformation unserer Welt: Die Agenda 2030 für nachhaltige Entwicklung, Siebzigste Tagung, Tagesordnungspunkte 15 und 116, https://www.un.org/depts/german/gv-70/band1/ar70001.pdf. Zugegriffen: 2. Mai 2023.

Woschnack, D., & Hiß, S. (2023). Finanzmarkt und Nachhaltigkeit – zur Rolle der nichtfinanziellen Berichterstattung für eine Corporate Accountability. In *Handbuch Umweltsoziologie* (S. 1–14). Springer Fachmedien.

Zapf, W. (1989). Über soziale Innovationen. *Soziale Welt, 40*(H. 1/2), 170–183.

Printed in the United States
by Baker & Taylor, Publisher Services

Printed in the United States
by Baker & Taylor Publisher Services